JN418682

김일석 산문집

더 사랑하기

김일석 산문집

더 사랑하기

초판 인쇄 2020년 6월 18일
초판 발행 2020년 6월 30일

지은이/ 김일석
펴낸이/ 남기수
펴낸곳/ 도깨비
출판등록. 제 1989-3호(1989년 5월 8일)
주소. 부산광역시 북구 금곡대로 268. 102-1004(화명동)
전화. 051-518-1591

photographer/ 신디, 길경덕
만화가/ 김재수

ISBN 978-89-88104-58-3 03800

이 도서의 국립중앙도서관 출판예정도서목록(CIP)은 서지정보유통지원시스템 홈페이지(http://seoji.nl.go.kr)와 국가자료종합목록 구축시스템(http://kolis-net.nl.go.kr)에서 이용하실 수 있습니다.(CIP제어번호 : CIP2020010152)

한국뚱땡이혁명당 당수, 뚱땡이 시인의
적당히 유쾌하고, 적당히 심각한 이야기

더 사랑하기

김일석

道깨비

서문

꾸역꾸역 기는 애벌레의 희망

햇살이 잎을 콕콕 찌르는 봄에 내려고 준비를 마쳐가던 중이었는데 뜬금없는 역병의 공습으로 세상이 쩍쩍 금가고, 그 균열을 파고든 공포에 포섭되어 광범위한 사회적 유폐와 맞닥뜨렸다. 연일 계속되는 감염 확산, 수치로 보는 코로나19의 위력은 전례 없이 위협적이었다. 일순 텅 비어버린 도시는 정서적으로 적응하기에 만만찮은 풍경이었고, 비정규직 교육노동자인 나의 일상은 종일 집에서 뒹굴며 편마비환자인 아내랑 줄기차게 모다 돌리며 농담 따먹기나 하거나, 컴 앞에 앉아 역사 발전에 별 도움 안 될 발언이나 꾸역꾸역 내지르며 삼시 세 끼 밥만 축내는 재난 형 백수가 되고 말았다.

식물로 꾸민 울타리와 온갖 놀이기구, 작은 공연장과 나무그늘이 어울려 동네 사람들에게 근사한 휴식처 역할을 해온 집 앞 놀이터는 아이들의 목소리가 사라진 후, 동네 길고양이는 다 모여들었고, 가게마다 셔터를 내린 을씨년스러운 시장 통엔 사고파는 사람들의 발길이 끊어지니, 길 양쪽 늘어선 화분엔 물 주는 사람 없어도 온갖 꽃들이 봄 내 피고지기를 계속했다.

근원을 알 수 없는 감염에 대한 두려움, 그 불확실의 위력에 제압당한 사람들은 지천으로 만발한 꽃의 유혹에도 방구석에 처박혀 일상의 좌절과 희망을 꾸역꾸역 만들어내며 마스크 몇 장으로 동굴 생활을 견디고 있다. 나 또한 찬란한 봄의 유희를 먼발치서 느낄 뿐, 병원과 성당 다녀오는 일만 하며 동굴 생활이 끝나기만을 기다리지만, 넉 달이 지나도록 해소될 기미가 안 보인다. 혹여 바이러스가 사라진 세상이 온다 해도, 오랜 세월 축적해온 내 늙수그레한 재능과 경험, 인간의 본성을 탐구해온 나만의 연구가 장시간의 유폐 이후, 이전처럼 밥벌이를 이어가는 확실한 방도가 될지 심히 걱정이다.

매일 잠깐씩 페이스북을 열고 쓴 짧은 단상, 잠시 꽃잎이 활짝 피는 충동으로 끼적인 산문과 시, 가끔은 미친 듯 팡팡 모다 돌리며 긴 호흡으로 쓴 글도 군데군데 있고, 어떤 건 잡지에 실리기도 했고, 정치판 돌아가는 꼴에 뒤집어져 혼자 부글부글 끓다가 사정없이 체제의 정수릴 쪼아댄 글도 있고, 아무튼 여기저기 흩어진 걸 모아놓으니 가히 중구난방이다.

난치성 질환으로 뇌를 다쳐 오랜 세월 병원에서 보내야 했던 아내와 살며, 병원과 성당, 집과 일터를 시계불알처럼 오갔던 시간, 일일이 가족들 챙기며 위로하고 보듬고 힘내어 사는 일이 내겐 참으로 고행이었다. 삶에 힘이 될 시 쓴답시고 산지사방 찔락거려도, 눈만 뜨면 득달같이 깔치뜯는 이런 저런 카드 대금과 할부금 제때 내는 일도 그랬다. 불행 중 다행이랄까, 딸아이는 과묵하고 심지 깊은 광주 사낼 만나 결혼했고, 늦둥이 아들은 아직 공부를 마치진 못했지만 제대 후 복학해 공부 열심히 하고 있으니, 그럭저럭 지지고 볶고 입에 풀칠하며 살다보니 겨우 사랑 하나 붙들고 잘도 헤쳐 나왔구나, 스스로 위로하며 꾸역꾸역 산다.

눈곱만큼이라도 고상한 척하다가는 굶어죽기 딱 좋은 시인으로, 비정규직 교육노동자로 허겁지겁 살다가, 일상에서 맞닥뜨리는 천둥 같은 슬픔에 심장이 터질 것 같아도, 혼자 벌어 가족의 삶을 버팅기고 계획해야 하는 가장의 책무에 짓눌려 무너지지 않으려고 몸부림치는 일은 실로 버겁다. 내가 평생 꿈꿔온, 믿음으로 오순도순 어울려 사는 세상을 향한 사무치는 절망과 분노도, 비유와 은유로 적당히 가리며, 생애에 걸친 운명의 그림자, 그 거역할 수 없는 존재의 위엄을 짊어지고 여태 잘도 견뎌왔다.

아! 어쩌면 난 대양을 헤엄치며 살다가 꾼이 던진 밑밥에 홀려 외로이 객지를 떠돌다, 바늘을 물고 혼절해 올라와 퍼덕이는 고등어 새끼보다도 황망하고 기구한 인생일지 모르겠다.

'오늘밤은 눈물이 숙제다'라며 슬픈 시를 쓴 날도, '삼가 고인의 명복을 빕니다'라고 댓글 남긴 날도, 그저 키득거리며 좋아요, 반가워요, 고마워요, 사랑해요를 남발하며 하트를 팡팡 날려댔고, 기분 좀 틀어지면 씨바, 니기미, 개새끼, 소새끼, 노래를 불렀다. 그러나 난 한순간도, 희망을 이야기하고 그것을 누군가에게 꾸준히 설명하는 일을 멈추지 않았다. 다달이 병원비와 약값도 만들어야 하고, 국밥집 수육이 당기면 빚을 내서라도 먹어야 하고, 아들 자취방 월세와 생활비, 용돈과 책값도 보내야 하고, 가족의 통신비와 간식비도 벌어야 하고, 가장의 자존심도 지키고 살아야 했다.

고치를 나온 애벌레는 누구의 명령이나 채찍질이 없어도 끊임없이 기어 홀로 가지 끝으로 나아간다. 그것이 마치 신성한 책무라도 되는 것처럼, 바람이 불어 가지가 흔들리고 꺾여도 기고 또 기어 결국 가지 끝 잎에 안착한다. 생애를 걸고 고난의 행군을 계속해온 애벌레는 이파리에 붙어 싱싱한 잎의 표면을 갉아먹으며 성충이 될 때까지 무럭무럭 자란다. 비가 오면 잎을 우산 삼아 비를 피하고, 바람이 불면 더 단단한 가지로 꼬물꼬물 기어가 목숨의 운명에 순응한다. 그 고난의 생육사를 거치고 살아남은 애벌레는 성충이 되고 나비가 되어, 햇살이 쏟아져 내리고 지천으로 꽃이 만개한 새로운 세상, 그 드넓은 자유의 들판을 비상하며 수분(受粉)도 옮기고 새끼를 치고 키우며 살아간다.

그 작은 애벌레가 나비가 되어 기어코 세상을 훨훨 나는 비상의 기록처럼, 자잘한 일상의 노동과 순간순간의 유쾌함을 담고 싶었다. 질기게 두드려온 내 희망의 절편들은 하얀 티셔츠에 번진 김칫국물처럼, 내 삶에 밴 온갖 세념(世念)의 기록, 그 후줄근하고 찌질한 잡문들을 버리지 않고 저장해온 이유이기도 하다.

가랑비에 옷 젖듯, 접시의 횟감처럼 톡톡 잘라진 산문을 읽다 보면 잠시 유쾌하거나 잠시 심각해지기도 할 테고, 눈곱만큼이라도 뚱땡이의 뚝심이나 순정과 그리움도 만나게 될 것이다. 만만찮게 두꺼운 이 책이 그저 부피만 키운 돼지의 지방질이 아니라, 전국 돼지들의 전위 뚱혁당 당수답게, 때론 멜랑꼬리하고 말랑말랑한 수육백반의, 그 변혁적 미각과 영양의 부피만큼 의미 있는 사랑의 이야기들로, 글을 읽는 동안 잠시 엷은 미소라도 짓게 하면 좋겠다.

귀하게 찍은 생명의 모습을 흔쾌히 보내준 사진가 신디, 길경덕 군, 그리고 재미난 일러스트를 보내준 반화가 김새수 동지께 깊이 고마움을 전하며…

20년 5월 연꽃마을에서

차례

1부

2부

3부

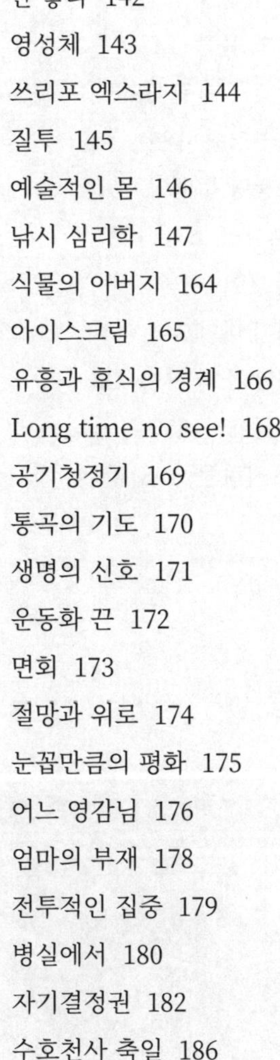

4부

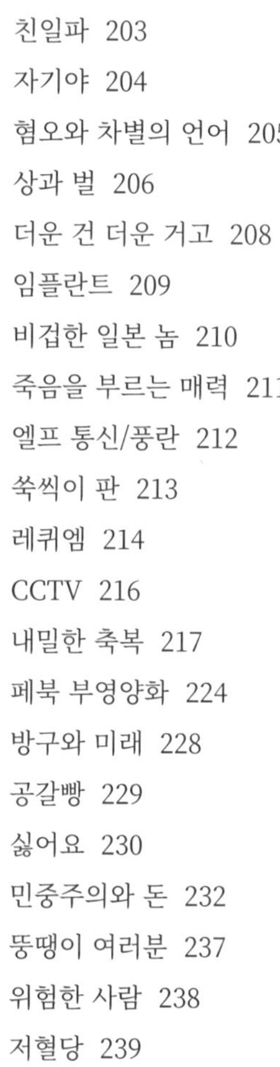

한국 뚱땡이
혁명당

1부

프라이팬

샌드위치 만드는 아내를 물끄러미 지켜보다 코팅이 부분적으로 벗겨진 프라이팬을 발견했다.

"여보, 조금이라도 벗겨진 프라이팬은 버려. 중금속의 독성이 배어 나온대."

"말도 안 돼, 아직 매끄리한데 왜 버려요?"

"흠, 당신 아무래도 산화알루미늄으로 날 소리 소문 없이 죽이려고 치밀한 계획을 세운 거 같은데..."

"사주고 저런 말하면 밉지나 않지."

"여보, 여기 프라이팬 많잖아? 표면상태 안 좋은 건 버리고 매끈매끈한 거로 써. 새 거 있는데 안 쓰는 것도 죄야."

"오빠, 쓸 만한 프라이팬 함부로 버리면, 지옥 가서 일 초에 한 방씩 프라이팬에 뒤통수 맞으며 영원히 살아야 할지도 몰라."

"잉? 그럼 난 일 초에 한 번씩 아야! 아야! 하겠네, 시계도 아니고."...@“@;;

가분수

늦은 시간 백병원 다녀오는 길, 위태로이 내리막길을 뛰는 하굣길의 고교생 무리를 보는 순간 오지랖 유전자가 깼다. 차창을 활짝 열고 "다치겠다, 조심해!"라고 크게 외쳤더니 한 학생이 손가락으로 동그라미를 그려 보이며 걱정 말라는 신호를 날렸다.

"싱싱한 저 시절로 돌아가면 얼마나 좋을까."라고 넋두리를 했더니 같은 곳을 보고 있던 아내가 훅 모다를 돌렸다.

"나처럼 유아기에 미제 분유도 못 먹어보고 유치원도 다니지 못한 오빠가 저 시절로 돌아가면 비참하지 않을까요?"

"왜?"

"보나마나 초량시장이나 부산고등학교 주변을 맴돌며 교복단추 열어제끼고 꽁초나 주워 피우며 길 가는 학생들 불러 삥이나 뜯고 하시겠지."

"왜 이래, 나 엄청 순수하고 공부도 잘하는 모범생이었거든."

"호호호, 믿을 수 없어요. 하라는 공부는 안 하고 교복단추 풀고 뒷골목 휘저으며 삥 뜯고 다니면, 가분수처럼 머릿속에 든 거 없이 크기만 큰다 하던데, 우리 엄마가. 호호호."

가분수란 한 마디에 머릿속이 하얘져 입을 다물었다. 신랑한테 뚱땡이도 돼지도, 꽃도 나무도 아니고, 가분수라니…ㅠㅠ

이보다 더 좋을 순 없다

스스로 고착화한 어떤 이미지가 계속 떠올라 마음이 불편해질 때마다 공연히 급진적이고 거친 표현을 토하거나 같은 행동을 반복하는 분들, 요점 정리가 안 되어 전체 주장을 이해하기보다 특정한 언어에 꽂혀 열폭하거나 본문과는 관련성 없는 불안이나 엉뚱한 감정을 표현하는 분들, 페북에서 가끔 보는 스타일인데, 강박이나 난독의 경향성을 봅니다.

수도꼭지나 가스가 잠겼나 열렸나 확인하러 몇 번 되돌아가본 분들, 공연히 거친 욕설을 타임라인에 쏟아내고 싶은 분, 자기주장에 반하는 의견을 보면 전신이 가렵고 당장 미쳐버릴 것 같은 분께 이 영화를 꼭 추천합니다. '이보다 더 좋을 순 없다'

타인의 삶에 대해 걸핏하면 비웃거나 혐오하며 자기 확신에 찬 독설을 즐기는 주인공, 작가 '멜빈' 역으로 나오는 잭 니콜슨의 완벽한 연기가 볼만한 영화입니다. 아마 영혼이 빨려 드는 것 같은 이 영화를 만추의 계절에 보고 나면, 혹 급격한 각성의 시간을 맞이할지도 모르겠습니다.

뭐, 영화도 보기 싫고 뚱뚱한 건 무조건 싫은 분은, 주먹 지름 20cm가 넘으며 특히 가을엔 인내심 결핍에 시달리는 제게 긴급 문자라도 보내주시고요. 아무쪼록 여유로운 한 주 만드시길...♥

뚱띠 시인 배때지 노크

엊저녁 밥 산다고 송정 오라는 친구에게 "새꺄, 내 몸에 밥 못 먹어 죽은 귀신이 붙은 것도 아니고, 저녁 한 끼 얻어먹으러 이 러시아워를 뚫고 송정까지 오라는 게 말이 돼? 아무래도 우정을 빙자한 갑질 같구먼. 갑질하는 인간일수록 늘 사람들이 자기 선의을 몰라준다고 징징 짜잖아. 나중에 친구들 만나면 보나마나 불쌍한 돼지 비싼 밥 사줬다고 동네방네 떠들 테고 말이야."

모다 회전수 높여 사정없이 따발총을 쐈더니, 놈은 실실 웃으면서 필사의 기름칠로 역공해왔다.

"씨발, 시인은 주디에 참기름 바르고 사나, 은근 구수한 맛이 있네. 오랜만에 그 둥글둥글한 세숫대야가 보고 싶어 밥 사겠다는데 재수 없이 갑질 타령이 와 나오노? 글고 초읍에서 송정이 그리 머나? 아, 돼지에겐 좀 멀 수도 있겠네. 큭큭, 그럼 조만간에 서면이나 조방쯤에서 그 질난 뚱띠 시인 배때지 노크 함 해보제이. 그단새 잘 처먹고 잘 살아라!"

전화 끊고 나니 은근히 터지는 맛이 있다. 만만찮은 놈! 뚱띠 시인 배때지 노크라니…ㅠㅠ

* 세숫대야 / '얼굴'을 뜻하는 뒷골목 언어
* 그단새 / '그 사이'의 경상도 사투리

대안

뭐 하나 온전하게 붙들고 매진하거나, 제 손으로 뭘 일으켜 본 적 없는 사람일수록 부초처럼 떠다니며 미꾸라지처럼 요령만 는다. 볕이 뜨거워 바람 부는 그늘로 도망칠 때도 머리와 두 손은 언제나 꽃과 열매를 향하고 두 발은 끊임없이 욕망의 근처에 있다. 살며 맞닥뜨리는 무수한 '나의 문제'는 진력을 다해야 하는 '정면돌파'를 선택하기보다 우선 피하고 미루는 데 익숙해진 채, 걸핏하면 '대안' 운운하며 내 안의 '개량'과 '형이상'에 굴복한다.

인간이 만든 것

제 삶의 터에
온몸 깊숙이 담그지 못하면
언젠간 뿌리째 뽑히는 법이다

태풍 매미가 대지를 휘저을 때
인간이 만든 것은 모두
흔들리고 깨어지고 뒤집어졌지만
묵리 뒷동산의 억새는
단 한 포기도 다치지 않았다

그건 하늘을 향해
온몸으로 누웠다 일어나며
절 때리는 바람 앞에
땅을 딛고 있었기 때문이다

겉으로 강해 보이려고 노력하는 사람일수록 회피의 무의식으로 '대안'을 고착화한다. 자신을 일으키는 동기부여가 되지 않아 정체성도, 주체적인 자기추동력도 약해져 무시로 요령과 변칙을 선택한다. 조폭의 고백이 잠시 달콤한 듯 보여도 그는 온전히 '자기 문제'에 헌신하는 연습이 되어 있지 않아서, 틈만 나면 '대안'을 말하며 달아나는 데에 능숙한 양아치가 되고 만다.

사람을 만날 때

사람을 만날 때엔 껍데기로만 만나
어울려 한 잔 꺾을 때나
잠자고 똥 쌀 때도 암수딴몸이라는 걸 기억해
세상엔 바다처럼 늙지 않는 것도 있지만
인간은 너무 빨리 늙기 때문일 거야
인생이 너무 짧아서
심장을 드러내면 바로 칼이 들어오거든

사람을 만날 때엔 껍데기로만 만나
조각 같은 이목구비와
따뜻한 미소와 품격도 소유와 비례하며
세상에서 가장 부드러운 목소리로
보고 싶었어요
듣고 싶었어요
뇌쇄의 노랠 읊조리더라도
꼭 기억해
잡아먹지 못해 안달이란 걸

주야장천 어울려 마시고 노는 데에 몸과 마음이 최적화된 사람일수록 끊임없이 평가하고 훈육하고 제안하는 데 능하며, '내가 낸데', '왕년에 그랬어' 풍의 기세등등한 옛이야기가 잦은 사람일수록, 지금의 나를 지탱케 하는 내 가족, 이웃과 동지들, 그리고 내 사랑을 일으키고 추동할 의지가 없는 사람일 가능성이 크다. 삶과 인식의 부조화에서 기인한, 그 무기력한 넋두리들이 때론 향기 없는 꽃처럼, 무기력한 주변을 현혹하며 때론 아름다워 보이기도 하는 법이다.

대안

정면 돌파의 의지를 잃은 유령들이 떠돌다 자신의 게으름과 의지박약을 숨길 놀라운 신세계를 발견했다

그 변명과 도피의 DNA가 꾸며낸 시냇물의 군집

기필코 흘러 강과 바다에 몸을 섞겠다는, 소박한 삶 일으킬 의지조차 잃고 지천으로 웃고 떠들며 흐르다 문득 내인성(內因性) 장애를 벌충하는 발막한 데를 찾다 발견한 우연의 세계

꾸역꾸역 사는 일이 지겨운 사람은

엎질러진 물처럼

인간의 빈틈을 찾아 번져나간다

작은 웅덩이가 우주인 줄 아는 비대한 송사리처럼, 자아비판에 서툰 인간의 심약함이야말로 이지러진 문화를 일군 가장 악질의 인지가 아닐까

해질녘이면 떼 지어 브라보를 외치는 근친상간의 욕망이 연쇄감염을 일으킬 때, 나와 같은 곳을 바라보는 사람들이 많을 거라고 믿는 자기 위안의 집단 딸딸이 현상 말이다

끊임없이 공격하고 이기는 기술을 연습하고 축적한 사람의 주변은 그 '힘'에 암묵적 동의를 하거나 추종하는 사람들로 북적댄다. 그리고 그 힘을 배경으로 하는 여유로움과 말랑말랑함

에 일약 환호한다. '같은 편'이라는 위안, '살기 위해' 적진도 마다하지 않고 환호하는 대중의 몰 이성은 대체로 본질보다 현상에 취약하며, '수량'에 쉬 굴복하고 '다수결'에 의존하는 경향성이 있다.

한 인간의 내밀한 폭력성, 가부장적인 상투(常套), 넉넉한 재력과 사회적 배경, 정신적인 내밀한 문제(내면의 보수, 소영웅주의, 혹은 충동조절장애나 자기애 중독 따위의) 따위는 몰라도, 대체로 모든 '선동'과 '이미지'는 매력적이어서 무기력한 일부 대중에겐 '대안'을 발견한 것 같은 착각을 일으킨다.

혁명

너의 쿠바와 체는
보험증에 빼곡한 고통의 목록이며
너의 중국과 마오는
임대차보호법이 버린 이웃이었다
너의 여성해방은
딸아이의 스산한 하숙 생활이며
너의 현실 사회주의는
아내의 극심한 편두통이고
절망과 한숨이었다

그래, 혁명 좋다!

난 용케 살아남아 이십 년쯤 뒤 얘기할 것이다
네 머릿속 혁명이 산 사람을 할퀸 상처와
피고름의 흔적과
응급실로 향하던 비명, 그
하나하나를 네게 얘기할 것이다

* 큼직한 금테안경을 쓴 30대 초반의, 눈이 유난히 큰 청년을 어느 선술집에서 만났다. 신사회주의 운동을 하고 있다는 그는 뜨거워 가슴에 품기도 힘든 '혁명'을 입에 달고 있었다. 영문 머리글자의 혁명론에서부터 온갖 내전과 운동사, 마오에서 체까지.

속으로 힘을 쌓은 자는 자기 힘을 쉬 말하지 않는다. 자기 가치를 붙드는 힘은 자기 삶을 일으키는 힘이며, 체제가 강요하는 전방위의 졸렬함에 자기만의 방식으로 맞서는 일이다. 어떤 싸움이든 '대안'을 말하는 싸움이라면, 그건 개량이고 변명이며 유희이고 반혁명이다.

당신이나 나나 '문제'엔 대안이 없다. 오직 정면돌파뿐!

지천으로 오지랖 넓은 '안다이'들과 '문어발' 군상의 좀비같은 썰들을 생각하면, 과연 인간은 지난한 자기 쇄신의 과정이 아니고는 혁명의 시작과 끝에 가닿기 어려우리라.

기말고사

며칠 따뜻하던 날이 어두워지자 갑자기 추워진다. 선생님과 밥 먹고 차 마시고 돌아오다 잡지사 고료로 봉투 받은 게 더부룩하다. 마침 생각나 쪽방 할배한테 용돈 하라고 갖다 드렸더니 그러잖아도 꼭 쓸 데가 있었다며 기뻐하신다. 할배 다음 주 기말고사라는데, 시험 끝나고 우리끼리 오붓하게 송년회 겸해서 밥 먹고 영화 보자고 약속했다.

이번 시험을 끝으로 고교 졸업하시는데, 뜬금없이 영어 예상 문제집을 꺼내 질문 공세를 퍼부어 두어 문제에서 진땀 뺐다. 액수가 많든 적든 앞으론 돈 받는 글도 열심히 써야겠...^^

* 쪽방 할배 / 올해 73세의 쪽방 할배는 내가 후원하고 있는 홈리스로, 유아기 때 남의 집 머슴으로 팔려가 우여곡절의 생애 끝에 부산역 노숙을 거쳐 겨우 쪽방에 자리를 잡게 되신 분이다. 학교 문턱에도 가 본 적 없는 분으로, 초 중 과정을 검정고시로 패스하고, 현재 고3 졸업반이다.

오렌지 향기는 바람에 날리고

밥 다 먹고 반찬 뚜껑 닫는데, 통 하나가 유독 빽빽해 들고 용쓰다가 뚜껑이 열린 채 허공을 날아 아내의 몸에 와르르 쏟아졌다. 순발력을 기대할 수 없는 마비 환자인 아내, 깜짝 놀라 경직을 일으키며 비명을 지르는 순간, 난 혈압 오를까 봐 안심시킨답시고 엉겁결에 모다를 돌렸다.

"여보, 미안 미안! 뜨거운 내 사랑이 붉은 김치볶음이 되어 온몸으로 날아가 꽂혔네."

모다 급발진과 동시에, 아내 어깨의 돼지비계 한 점을 집어 내 입에 넣을 때, 누가 먼저랄 것도 없이 미친 듯 터졌다. 아침에 문득 생각나, 냉동실 돼지고기를 꺼내 잘게 썰어 김치와 섞어 볶아낸 반찬, 아내의 머리에 얼굴에 목에 찌찌에 다리에 온통 범벅이 되었다. 옷을 벗기고 씻기러 들어갈 때 아내가 말했다.

"오빠, 뚱땡이들 사랑은 본래 이리 붉고 거칠고 냄새가 진동하는 거야?"

"그러게, 오렌지 향기가 바람에 날리던 우리 사랑이, 난데없이 김치볶음 뒤집어쓰는 아침이 되었네. 미안해."

아내는 씻고, 난 뒷정리하느라 땀 삐질삐질...@"@;;

그 옛날 서면시장 돼지국밥 골목의 '오렌지 향기는 바람에 날리고'에서 우린 벌렁거리는 가슴 부여잡고 처음 만났...^^

옆집 아재

몇 번 인사 나눈 옆집 아재가 식물 구경하고 싶다며 집으로 들어왔다. 자잘한 의료용품을 중개 납품하는 사람인데, 장마를 앞두고 요 며칠 외벽 도색으로 부지런히 옥상을 오르내리다 식물 돌보고 있던 나랑 우연히 눈이 맞아 소통을 시작한 사람이다. 그는 옥상의 대형물탱크를 횡단면으로 잘라 두 곳으로 나누어 먹을거리 위주의 미니농사를 짓고 있다.

창가로 보거나 멀찍이서 바라본 우리 집 계단과 층간의 식물, 양손에 화분을 들고 빤쮸 차림으로 옥상을 오르내리며 서로를 지켜본 사이여서 그런지 한눈에 친숙함을 느꼈다. 한손엔 내가 만든 냉커피를 들고, 빨대를 입에 물고 계단에 퍼질러 앉아 연신 "와, 아름답다!"를 반복하는 옆집 아재에게 "허허, 감탄할 줄 아는 당신이 더 아름답구만요!"라고 했더니 크게 웃는다.

그는 키워서 먹는 거로, 나는 자라는 걸 보는 거로 식물을 대하지만, 식물을 사랑하는 마음은 똑같다.

정수기 상담

정수기 연한이 다 되어 지난달 새 기계를 설치했는데, 조금 전 본사에서 전화가 와 출금이 되지 않았단다. 아! 바퀴벌레가 좋아할 만한 습한 날씨에 은근히 멜랑꼬리한 오후, 모다를 충전할 절호의 찬스를 잡았다.

"여보세요 상담원, 제 얘기 잘 들어주세요. 같은 회사임에도 정수기 새로 설치했다 해서 업무 연계가 안 되어 고객에게 이런 전화를 할 때, 고객이 받을 수 있는 스트레스의 총량을 말씀드릴게요. 첫째, 기계 교체했다고 업무 연계가 안 되는 걸 보면 이 회사에 대한 신뢰의 문제와 부실한 시스템을 떠올립니다. 둘째, 출금이 안 된다 하니 혹시 정수기 바뀌었다고 두 번 출금되는 건 아닐까 하는, 손실에 대한 막연한 불안감, 셋째, 이 통화로 인해 혹시 상담원께 본의 아니게 정신적 고통을 가하게 되면 어쩌나 하는 노파심과 인류애적 연민의 스트레스도 있습니다. 이상입니다. 통장 잔고는 충분하니 업무 처리에 좀 더 신경 쓰시고요. 전화주신 상담원께는 죄송한 마음과 고마운 마음을 전하고 싶습니다."

급 천사의 목소리로 변한 상담원이 그랬다.

"저희 미숙함으로 장기사용 고객님을 걱정하시게 해서 정말 죄송합니다. 그리고 진심으로 감사합니다."

비는 쏟아지는 중, 습한 모다 짱짱하게 충전 완료, 그리고 해피엔딩. 혹시 그녀는 속 시끄러웠을까...@"@;;

삼계탕 집에서

백병원 다녀오는 길에 대공원 입구 삼계탕 전문점 '사계'로 갔다. 식당에 들어서니 한쪽에 스무 명 넘는 중년 여성이 모임 중이어서 꽤 소란스러웠다. 닭다리 들고 걸신스럽게 핥고 빨다가 슬쩍 던지듯 아내에게 속삭였다.

"저 많은 사람 중 당신보다 예쁜 사람은 하나도 없네. 오늘 못난이들 곗날인가 봐."

순간, 아내는 내 뚝배기에 담긴 밤과 대추를 노련한 젓가락질로 스틸하며 말했다.

"오빠, 알아요? 예쁜 만큼 시선 부담도 커다는 걸..."

띠용...@"@;;

수학문제

기말고사를 마친 쪽방 할배, 위로를 겸해 시험 잘 보셨나 여쭈니 어려운 수학문제 탓에 단단히 화가 나신 듯.

"선생님, 살면서 아무 필요도 없는 수학 때문에 이번 시험 완전히 망쳤어요."

"사람마다 다 필요한 건 아니겠지만, 가끔 필요하기도 해요."

"아니 선생님, 우리가 사는 일에 더하기 빼기 곱하기 나누기만 잘하면 되잖아요?"

"둥근 공을 만들기 위해 천을 자른다고 생각해봐요. 더하기 빼기만으로는 못 만들죠."

"공을 왜 계산하고 만들어요? 문방구에서 사서 쓰지."

"푸하하, 하긴..."

즐거운 마음으로 함께 저녁 먹고 CGV 가서 '백두산' 보고 헤어졌다. 후지산을 꼭 닮은 영화 속 백두산, 스토리가 시시해 난 거의 한 시간 이상 잔 듯...@"@;;

메리 크리스마스

요 며칠 아내의 혈압이 150대로 떨어졌다가 240까지 치솟았다. 높은 상태를 평탄하게 유지하는 것보다 낮아졌다가 치솟는 상황이 뇌출혈 환자에겐 더 위험하다. 마침 주치의 쌤 계실 시간이라 민첩하게 움직여 주사실에 누웠다. 혈관을 찾지 못해 10회 이상 팔을 찌르다가 겨우 발등에서 찾아 꽂았다.

민감한 주사라 데이터를 무시로 확인하며 조절하는 사이 몇 가지 검사를 했는데, 콩팥의 기능도 많이 안 좋다. 하나는 거의 기능을 잃었고 남은 하나도 40 정도. 심각한 표정을 짓고 있자니 여러 대안을 설명하며 위로하시는 주치의 쌤께 오늘이 빨간 날이 아니어서 정말 다행이라 했더니 쓸쓸한 미소를 남기고 떠나셨다.

그나저나 아내랑 성탄 미사를 볼 수 있게 되어 얼마나 다행인지. 모두 메리 크리스마스…♡

성탄 미사

연신 쓰러질 듯했던 아내와 함께 참석한 성탄 미사, 작은 성당이어도 어느 정도 장엄한 풍경을 연출한 이번 성탄 미사는 우리 부부에겐 참 고맙고 기쁜 시간이었다.

모처럼 앉을 자리가 부족할 만큼 신자들로 가득 차, 다중의 목소리가 만들어내는 묵직하고 멋스러운 성가가 유난히 아름다웠다. 평소 중세 전례음악을 자주 듣는 내겐 성탄과 송년 미사를 위해 부단히 연습했을 성가대의 합창, 마이크 없이 울려 퍼지는 테너 독창은 압도당할 만큼 감동적이었다.

미사 마치고 새로운 복사단이 부모님과 나란히 서서 제각기 인사를 하는데, 늙수그레한 신부님의 장난기 가득한 멘트가 모두를 급격히 즐거운 기분으로 만들면서, 사방으로 울려 퍼지는 웃음소리가 합창 같았다.

성탄절의 번잡한 성당 입구를 종횡무진 누비는 총선 예비후보와 빨간 명함 뿌리는 사람들, 저 질긴 티끌 같은 사람들만 없었더라면 정말 좋았을 성탄 미사 풍경.

환호작약

딸아이와 팔짱끼고 신부입장 스텝을 밟기 시작하자 하객들의 우레 같은 환호와 손뻑이 쏟아졌다. "저 사람 아버지 맞아? 삼촌 같은데.", "아니, 오빠 같은데?"라며 여기저기서 수군거렸다. 윤기 자르르 흐르는 내 세숫대야는 전성기 홍금보의 카리스마와 디테일, 가만히 있어도 우아미 넘치는 동방불패의 임청하를 닮다 그친 아내, 정우성을 그다지 닮진 않았지만 긴 기럭지에 광채를 내뿜는 사위, 판빙빙을 거의 닮지 않고도 독자적인 미모를 구축한 딸아이의 한복 패션, 한 가족의 빼어난 미모 유전에 억장 무너질 것 같다며 환호작약하는 하객들...@"@;;

이상, 허겁지겁 김밥 입에 털어 넣으며 결혼식 중계 끄읕!

휴식이 필요할 때

오늘은 단 십분도 쉴 틈 없는 하루였다. 아내가 뇌병변장애인이 되면서부터 미친년 널뛰듯 내 일상은 시간이 모자라 쩔쩔맬 때가 많아졌다. 중요한 모임이 있어도 그 시간에 해야 할 뭔가를 포기하거나, 모임에 갈 수 없는 이유를 주저리주저리 설명해야 오해를 예방할 수 있다. 겨우 시간을 만들어 나갔다가 공연한 이야기를 넘치게 들은 날엔, 꼭 이발소 가서 온돈 주고 반 머리 깎은 기분으로 돌아오면 급격한 피로감에 젖는다. 하루 이틀 훌쩍 떠나 자잘한 일감에서 벗어나는 휴식이 간절하다.

주말에 아이들이 신혼여행에서 돌아오면 모두 모여 밥 먹고, 신행음식을 해 광주로 보내야 하므로, 내일은 다대포 가서 횟감도 넉넉히 사고 반찬들도 예쁜 그릇에 담아 미리 포장해두어야 한다. 아이들이 제집으로 돌아가는 걸 봐야 이 머리 아픈 혼사도 끝이 날 듯...ㅠㅠ

아이들과 하룻밤 자고 보따리 싸서 보내고 나면, 아내와 강원도를 한 바퀴 돌아보고 오기로 약속했는데, 그러기 위해선 또 챙길 게 주르륵 한 바닥이다.

생선구이

아내는 오랜 병원생활로 희멀건 음식만 먹어 그런지 음식이 조금만 짜거나 매워도 못 먹겠다고 한다. 아내의 먹는 양이 적어 난 늘 불만이고, 약을 먹어야 하므로 가능하면 많이 먹이려고 애쓴다. 나 역시 싱겁고 맑은 맛을 좋아하지만, 식당 음식이 다소 짜거나 매워도 그러려니 하지, 맛을 이유로 흡입을 포기하는 경우는 없다.

오늘도 한 보따리 싸서 광주 아이들을 보내고 둘이서 생선구이 전문 식당에 갔다. 아내는 주 요리인 고등어찌개와 생선구이가 짜다며 퍽퍽한 고깃살을 두어 번 깨작이더니 숟가락을 놓았다. 세 숟가락 더 안 먹으면 강원도에 데리고 가지 않을 거라고 협박을 일삼으며, 상추에 고깃살 조금, 오이버무리 한 토막 얹어 온갖 아첨을 떨며 겨우 두 번 더 먹였다.

"그냥 나오는 대로 먹지, 예쁜 것들은 꼭 얼굴값을 한다니까."

"오빠, 방금 뭐라고요?"

"예쁜 당신은 짜게 먹으면 안 되니까 내가 다 먹을게, 라고 했어."

"아니었는데......"

남은 음식이 아까워 난 아득바득 먹기 시작했고, 결국 식탁 위 생선은 뼈만 남기고 모두 사라졌다...^^

잔기술 금지

고위공직자나 정치인, 대통령과 찍은 사진이 프사인 분, 왜 그래요? 쪼리게! 대문이 그래서야 친구 신청 어찌 받겠어요? '나 이런 사람이야!', 뭐 이런 건가요? 그 정치인, 공직자, 대통령이 당신 잘 알아요? 아님 자랑하고 싶다고요? 그게 자랑거리인가요? 뒷골목 건달들도 어쩌다 두목과 찍은 사진을 내거는 건 시장통 분식집이나 노래방 드나들며 푼돈 뜯는 얼라들이 하는 짓인데, 인생 살 만큼 산 당신이 무슨 따까리도 아니고.

아무튼, 그런 사진을 대문에 내건, 쪼큼 보수적이거나 출세주의, 아니면 어딘가 얍실해 보이는 분위기의, 그런 친구 신청은 안 받을래요. 잘 쓰나 못 쓰나, 기나 짧으나, 짜나 싱거우나, 정우성 닮거나 옥동자 닮거나, 당신 모다로, 당신 세숫대야로, 당신의 노동과 삶을 진솔하게 이야기하는 타임라인이면 좋겠어요. 참, 유튜브 영상이나 퍼온 조작 사진, 뉴스 링크만 줄창 올리는 사람도 친구하기 싫어요. 잔기술 쓰기 없기!

태풍 온다는데, 뚱뚱한 게 까칠하기까지 해서 미안해요...ㅠㅠ

애정결핍

인쇄소 들렀다가 책 까대기 좀 하고, 뜬금없이 통장에 들어온 고료 십만 원 쪽방에 전달하고 돌아오니, 주말이라고 멀리 광주에서 사랑하는 개 하치랑 딸아이 내외가 과일을 듬뿍 사들고 왔다. 막둥이도 알바 쉬는 날이라 모처럼 온 가족이 다 모였다. 은근히 보고 싶었는데 요것들이 내 마음 어찌 알고.

싸늘한 날씨에 그리움으로 허벅지 푹푹 찌른 나날들, 극심한 격리장애와 애정결핍에 시달리다 오늘 정신없이 날뛰는 시커먼 동물과 뽀뽀를 너무 많이 했다...^^

개와 함께 투숙 가능한 바닷가 숙소를 예약했다며 아이들이 우르르 떠나고 나니, 산지사방 개털 날리는 적막강산을 목하 청소기 들고 붕붕거리는 중...@"@;;

불후의 명곡

오늘 불후의 명곡, 정태춘 박은옥 편은 그들의 초창기 노래 중심으로 이어졌다. 자막 가사에 불쑥 '물대포'가 나오기도 해 사뭇 신선했는데, 화려한 조명과 무대연출, 뛰어난 가창력과 편곡으로 무대에 오른 노래들은 한 시대를 가르는 대중음악의 진면목을 잘 보여주었다. 민중총궐기 때 광화문에서 분신하신 정원 스님의 노래방 애창곡 '떠나가는 배'는 뮤지컬 배우 임태경, 윤영석의 탁월한 열창으로 재탄생해 감동받았다. 권력의 겁박과 사찰로 오갈 데 없어진 스님께서 잠시 집에 와계시던 시간을 생각하며, 아내와 난 모니터를 보며 울었다. 옥에 티라면, 초기 낭만주의 곡들에 비해 리얼리즘에 충실했던 후기 역작들이 소개되지 않아 눈곱만큼 아쉬웠다.

* 정원스님께선 이명박 박근혜 정권을 거치면서 보호관찰 상태가 되셨다. 이명박의 얼굴에 달걀을 투척해 절에서 쫓겨나셨고, 세월호 이후 동가식서가숙하시다 위안부협상에 분노하며 외교부 청사에 화염병을 던지고 수감되셨다. 출소 후 오갈 데가 없어 집에 와 계시기도 했는데, 노래 부르기를 좋아하신 스님과 노래방엘 가면 꼭 정태춘의 노래만 부르셨다. 광화문 광장에서 스스로 몸을 태우고 그렇게 떠나신 후, 가끔 노래방에 가서 '떠나가는 배'나 '북한강에서'를 부르면 하염없이 눈물이 난다.

오줌 이야기

아내는 1박 2일 피정 가고, 난 강의 마친 후 동생 사무실로 놀러 가는 길이었다. 소변이 몹시 마려워 좌회전 한 번만 하면 동생 사무실에서 해결할 수 있는데 싶어 꾹 참는 중, 방광이 짜르르 떨릴 때쯤 좌회전 차들이 움직이기 시작했다.

앞차 뒤를 따르며 미끄러지듯 움직이는데 흑흑, 이미 미량의 분출이...@"@;;

온몸의 회로가 방광 말단으로 급! 급! 급! 비명을 지를 때 신호는 다시 파란불로 바뀌고 말았다. 좌회전 차가 많아 한 번에 신호를 받지 못한 탓이다. 순간, 두 손을 황급히 움직이며 전광석화처럼 '눈과 손의 협응력'으로 후크 열고 쟈크 내리며 종이컵을 갖다 대었지만, 맙소사! 불분명한 출구 찾아 허둥대다 아! 종이컵 위로 분수처럼 솟구치며 사방으로 튀는 오줌발! 만성 당뇨환자의 꼬리꼬리한 배출량 중 반은 종이컵으로, 반은 외부로 튄 듯했다. 혼돈의 몇 초, 난 감각과 이성을 유지하려고 애쓰며 힘껏 회로를 끊었다. 잉? 배출 초반의 회로차단임에도 말단은 의외로 평화로웠다...^^

아, 사구체와 세뇨관을 통과한 포도당과 수분이 두 손에, 시트에, 바지에, 핸들 대시보드에, 러닝 빤쮸 와이셔츠, 그리고 가디건과 외투에 이미 범벅이 되어버렸음을 두 눈으로 확인했다. 시련으로 점철된 내 인생에 한숨이 절로 나왔다.

다음 좌회전 신호를 받을 때까지, 양손에 티슈를 무더기로 뽑아들고 온몸을 두드리며 속으론 '이왕 젖은 거 입은 채 말리자.' 결단했다. 주차하고 동생 사무실로 가니 영문을 모르는 동생은 반갑게 손을 내밀었고, 소파에 앉은 난 꿉꿉한 중부지방을 연신 내려다보며 냄새가 걱정되어 담배를 핑계로 서둘러 사무실을 나왔다. 동생 차 조수석에 앉아 호계 5일장으로 이동하는 중 아무래도 동생이 냄새를 맡을까 걱정되어 조심스러웠지만, 결국 동생에게 바지에 오줌 쌌다고 고백했다. 난 당뇨 환자의 오줌냄새가 꽤 심하구나 생각했는데, 동생은 모르겠다고 해 '얘는 후각이 좀 둔하구나!' 생각했...^^

호계 장에서 맛난 선지국밥 한 그릇 먹고, 박상 한 봉지 사 들고 정자해변으로, 냥이 카페 '그냥'에서 들깨수제비 한 그릇 흡입, 그리고 커피로 마무리, 늦게까지 냥이 얘기와 추억의 똥오줌 얘기하며, 젖은 옷 입은 채 뽀송뽀송 말리고 무사히 집으로 돌아왔다.

* 박상 / '튀밥'의 경상도 사투리.

당신을 만나기 전부터

저녁 식탁에서 아내는 아무 말 없이 심각한 표정이었다.

"여보, 왜 그래?"

"오빠, 할 말이..."

"뭔데?"

"난 당신을 만나기 전부터 당신을 사랑했어요."

"무슨?"

순간, 아들이 외쳤다.

"아! 엄마, 하지 마!"

"재영아, 무슨 말이야, 뭔데?"

"엄마 지금 이태석 신부님 전기 읽고 있거든. 책 제목."

"헐, 나보고 한 게 아니네.“

총에 맞으면

새벽엔 영하로 떨어진다는데, 창을 때리는 을씨년스러운 바람 소리 들으며 광주 딸아이가 보내준 케이크 퍼먹으며 긴긴밤을 둘이서 보내야 한다.

"여보, 우리 강원도 산골에 들어가 글 쓰고 식물 키우며 살래? 혹시 공기 좋고 물 좋은 곳에서 당신 몸도 지금보다 좋아질지 모르잖아?"

"오빠, 약초 캐서 장에 내다 팔면 돈 많이 번다는데 컴퓨터 끌어안고 글 쓰는 일보다 약초 쪽으로 방향을 트는 건 어때요?"

"난 뚱뚱해서 산 못 타. 괜히 산 타다가 멧돼지로 오인해 사냥꾼 총에 맞으면..."

"그럼 피 줄줄, 아야 아야, 흑흑, 꼴까닥, 아이고, 하겠죠."

으윽...@"@;;

영화 '천문'

영화 '천문, 하늘에 묻는다'는 아마 올해 본 한국영화 중 가장 감동적인 영화가 아니었나 싶다. 며칠 전 보았던 영화 '백두산' 보다 다섯 배쯤 좋았다고 생각함...^^

왕 세종과 관노의 신분에서 종3품 대호군이 된 과학자 장영실의 이야기다. 왕의 가마가 부서지는 사고로 야기된 권력 내부의 다툼이 이야기를 이끄는데, 명을 추종하는 간신들과 우유부단한 세종의 태도를 보며, 작금의 정치 현실이 묘하게 오버랩해 떨떠름한 기분이 들기도 했다.

세종과 장영실의 깊은 우정, 만남과 이별에서 보여주는 최민식, 한석규의 연기는 빛났다. 눈물 나는 장면 몇 곳에선 정말 참기 어려웠다. 왕의 꿈을 위해 결국 자신을 희생하는 장영실, 못내 아쉬움이 남는 장면으로 영화는 끝난다.

시간 나거든 함 보이소...^^

고 선생님

투병 중이신 선생님께 음악이 어떨까 싶어 구형 시디플레이어 사러 다니느라 대형 마트 몇 곳을 돌다가 전포동 하이마트에서 겨우 구했다. 매장 점원이 다 팔고 딱 하나 남은 거라고 했다.

시디 하나는 임진왜란 병자호란으로 온 나라가 시끄러울 때 만들어진 미사곡으로, 팔레스트리나의 교황 마르첼리 미사곡과 알레그리의 미제레레. 탈리스 스콜라즈 연주로 마치 중세 성당에 앉아 듣는 듯한 곡이다. 또 하나는 마르크스가 공산당 선언을 발표할 때 만들어진 구노의 성 세칠리아의 장엄미사곡이다. 프랑스 라디오 교향악단과 합창단의 연주.

"웃으시는 모습이 천사 같아요."라고 했더니 정말 천사처럼 웃으셨다. 선생님, 음악 편안히 들으시고 기도해주세요...()...

사랑합니다

추모의 시를 쓰며 내내 울었고 영정 앞에 엎드려 울었습니다. 선생님의 웃으시는 영상과 목소리에 하염없이 눈물만 흘렀습니다. 아! 결국 눈물 말고는 선생님께 드릴 게 아무것도 없었습니다.

마지막까지 눈물로 배웅합니다. 존경하는 프란치스코 형제님의 민중 사랑을 하느님께 일러바치며 또 웁니다.

선생님, 사랑합니다. 편히 쉬시고요..()...

저 하늘 어디쯤

나흘의 장례를 마치고 집으로 돌아왔다. 목욕탕에 가 구석구석 때를 밀고 발뒤꿈치 굳은살도 벗겼다. 거울을 보며 듬뿍 크림을 찍어 얼굴에 문질렀다. 눅진눅진한 얼굴, 눈에선 모래바람처럼 건조한 슬픔이 흩날렸다.

후드득 후드득 톡톡톡, 가을에 내리는 마지막 비일까.

가본 적 없는 저 하늘, 이제 도착하신 걸까...ㅠㅠ

돼지의 길

봄에 복학할 때까지 알바에 살림에 엄마 보살피며, 밤엔 헬스클럽에 가서 운동까지 하며 매일 열심히 사는 막둥이를 보면 대견하면서도 짠하다. 어젠 자기 몸 보고 자극받으라며 빤쮸만 입고 온몸을 흔들며 여기저기 톡톡 솟구치는 알통과 복근을 내게 보여주었다.

"아빤 글렀어. 무릎도 허리도 욱신욱신하고, 당뇨에 통풍에 성인병 5종 세트에 이 묵직한 뱃살은 이미 날 망가뜨렸어."

"아빠, 나랑 헬스클럽에 같이 다녀요. 내 친구들도 같이하니까 보는 눈이 많아 더 열심히 하게 될걸요."

"그럼 더 못해, 싱싱한 느거들과 같은 공간에서 운동하는 건 쪽팔려서 안 돼."

"껄껄걸, 할 수 없죠. 그럼 아빤 뒤뚱거리며 불안한 돼지의 길을 계속 걸으세요."

"이런, 새꺄! 불안한 돼지의 길이라니!"...@"@;;

오징어 먹물 핫도그

일마치고 내려와 집에 들어서자마자 "오빠, 이거 한 번 먹어보세요, 엄청 부드럽고 맛있어요."라며 핫도그를 하나 준다.

"이게 뭐야?"

"오징어 먹물로 만든 거래요, 먹어보세요."

한 입 베어 씹으니 말랑말랑한 게 독특한 식감이었다.

"맛있죠?"

"응. 엄청 맛있네."

"오빠 날 안 만났으면 이런 걸 어디서 먹어보겠어요?"

"또 없어?"

"없어요, 서비스로 따라온 거라…“

오늘은 일반 쓰레기 버리는 날, 재활용 봉지에 주섬주섬 쓰레길 담다가 버려진 핫도그 막대 세 개를 발견했다.

"당신은 세 개 먹고 난 왜 한 개밖에 안 줘?"

"오빠, 난 점심 대신 먹은 거거든요."

"아무리 맛있으면 뭐해, 좋은 각시 만났으면 네 개 다 먹을 수도 있을 텐데, 당신 만나서 한 개밖에 못 먹는구먼."

"오빤 뚱땡이치고 인간성이 참 가늘어."

아내는 깔깔 웃더니 막둥이에게 일러줄 거라며 전화기를 들었다.

선무방송

주한미군 주둔비용 전부와 웃돈까지 내라고 협박하는 트럼프. 한국을 잘 사는 부자나라라며 부자들 콧수염을 톡톡 건드리네. 강남, 서초, 송파의 고층 아파트가 평당 8천이라니 서른 평이면 24억. 니기미, 부자나라 맞네...@"@;;

시민 여러분
여러분은 지금 불법 슬픔과 불법 분노에 빠져
기원을 알 수 없는 집단 발작을 하고 있습니다
단순 사고에 대한 여러분의 귀납추리는
횡행하는 다수의 오류일 뿐입니다
제발 정결하고 안온한 거리가 되도록 해주십시오
차벽으로 길 막았다고 일일이 따져 묻지 말고
인권 평등 진보 노동 따위의 언어로 윤색한, 저
도발적인 붉은 깃발과 거슬리는 상징 따위 다 접고
위대한 민주주의의 발전을 위해
내인성 고통쯤 삭이고 귀가하는 순종이 얼마나
아름다운 시민 정신인지 보여주시길 바랍니다
광장은 오직 자유의 초록빛으로 흥청거리게 하고
국가와 싸워선 결코 이길 수 없다는
만고불변의 진리를 깨달아
모두 새끼들 기다리는 가정으로 돌아가 주십시오

신문이나 연속극 보며 야식을 시켜 먹어도 좋고
밤이면 아이들에게 고담 전설을 들려주며
집집이 곰살궂은 행복이 창밖으로 새어 나와도 좋고
정히 심사가 꼴리고 쓸쓸한 저녁이다 싶거나
공연히 옆집 사람이 뭐 하고 지내는지 궁금하거든
동네 고깃집이나 선술집으로 가서
모태 배역의 죄 둘러업은 몇몇 철새를 안주 삼아
폭탄주로 술렁거려도 아무 문제 없으니 부디
알아서 기는 선량한 시민이 되어주시길 바랍니다
이상!

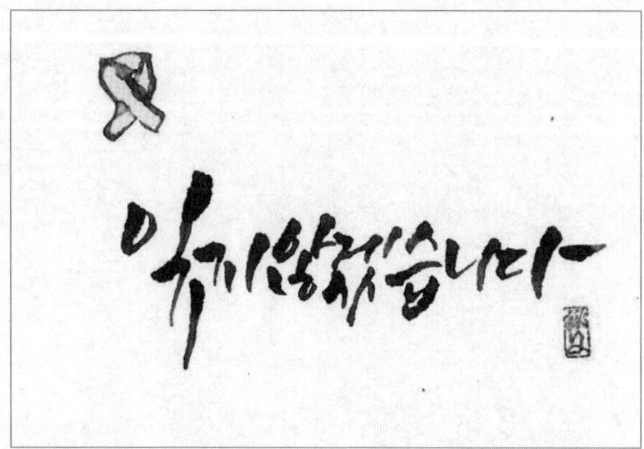

강론

저녁 미사 강론에서 예수와 함께 처형대에 매달린 어느 죄인의 이야기를 들었다. 처형대에 매달린 예수 최후의 모습을 기록한 루까 복음서의 구절로 기억하는데 맞는지 모르겠다.

"당신은 메시아라면서 당신 자신과 우리를 지금 구원해보시오."라며 예수를 비웃자 그 옆의 다른 죄수 한 사람이 외쳤다.

"우리는 우리가 저지른 죄에 합당한 벌을 받지만, 이분은 아무 잘못도 하지 않았습니다. 예수님, 당신의 나라에 들어가실 때 절 기억해 주십시오."

"당신은 오늘 나와 함께 낙원에 있을 것이오."

강론 중에 눈물 흘리는 일이 드문데, 이 대목에서 절로 눈물이 주르르 흘러내렸다.

죽음 직전의 상태에서 말하는 저 확고한 믿음의 혁명성!

배알도 심지도 없는

빤쓰 목사, 실실 웃으며 제법 여유롭구나 싶어 보니, 법원 드나들며 뜬금없이 자신의 혐의를 탈북단체에 떠민다.

어쩜 너희들은 공권력에 노출되면 하나같이 비겁한 태도를 보이는 것이냐? 배알도 심지도 없는 놈들!

무대에선 연신 나라를 뒤엎을 듯 쇼를 하더니, 막상 구속될까 싶으니 눈곱만큼도 자기 행위에 책임지는 태도를 보이는 놈이 없다. 태극기와 성조기를 몸에 감고 각목 휘두르며 난리를 쳤던 청와대 진격 투쟁은 탈북민의 짓이라며, 자기는 모르는 일이라며 내빼는 걸 보니 네놈은 진정한 쓰레기로구나!

심지도 없이 헛불놓으려니 세상이 얼마나 혼미하더냐?

마안노무 손, 네가 당당하면 네 행위의 책임을 분명히 밝히고 서울구치소로 직행해야 하지 않겠어?

* 마안노무 손 / '망할 놈의 자식'이란 뜻의 경상도 사투리

폭풍 흡입

엊저녁 밥상 위 수제비 소짜 하나 빼고 나 혼자 다 먹었다.

1. 수제비 대짜
2. 고추전
3. 흑미밥
4. 수제비 소짜
5. 비빔밥
6. 감자전
7. 고추전 간장
8. 장아찌
9. 무김치

100년 넘은 아름다운 옛집 밀양 '행랑채'에서 맛난 냉커피까지 풀코스 흡입 성공. 끄윽...@"@;;

참, '행랑이'란 이름의 개랑 마당서 노는 일도 신나는 곳.

웰 다잉

온몸으로 부대끼며 격동의 시대를 살아온 우리가 생애의 마지막 모퉁이를 걷게 될 때, 아름다운 죽음(well-dying)을 맞기 위해 우리가 할 수 있는 일엔 어떤 게 있을까.

몇 해 전, '존엄한 죽음을 위한 비상구, 조력자살'이란 다큐가 방송에 소개되었다. 죽음을 앞둔 백만장자가 의료진의 도움을 받아 스스로 선택한 안락사의 과정을 고스란히 보여주었고, 존엄한 죽음을 맞기 원하는 사람들의 다양한 인터뷰를 보았다.

우리나라에서도 심폐소생술, 인공호흡기, 혈액투석, 항암제 투여 등 회복가능성이 없는 상태에서 목숨을 부지하는 의료를 거부할 수 있는 연명의료결정법(존엄사법)이 시행된 지 여덟 달 만에 이만 명 이상이 연명치료 대신 존엄한 죽음을 택했다고 한다.

웰 다잉을 이야기할 때, 이른바 죽음의 질이 가장 높다는 영국에서는 '익숙한 환경에서', '가족, 친구와 함께', '존엄과 존경을 유지한 채', '고통 없이 죽어가는 것'을 그 내용으로 정의한다.

CEO 유진 오켈리, 그는 53세의 나이에 뇌종양으로 3개월 시한부 선고를 받았다. 그는 자신에게 남은 시간을 미리 알고 준비할 수 있게 되었으니 그도 축복이라 여기고, 마지막 100일의 계획과 실천을 하루하루 꼼꼼히 기록으로 남겨, 사후 '인생이 내게 준 선물'이란 책으로 세상에 소개되기도 했다.

그는 사랑하는 사람들의 명단을 작성하고 그들과의 추억이 있는 장소에서 식사를 하거나 일일이 전화로 마지막 인사를 나누고, 암 치료 재단에 재산을 기부한 후 마지막 순간이 다가오자 그는 스스로 식사를 중단하고, 그 모든 마음의 변화를 글로 남겨 감동을 주었다.

최근 일본에선 '슈카쓰(終活)'라고 하는, 삶을 마무리하는 체험활동이 활발하다. 장례 절차, 연명치료 거부, 생전 장례식, 주변 정리, 유언장 작성, 입관 체험, 엔딩 노트 쓰기 등을 돕는 슈카쓰 박람회도 열린다.

묘지 견학과 유골을 뿌리는 체험을 하고 무덤 친구인 '하카토모(墓友)'도 사귀고 온천에서 목욕하는 투어를 하는데, 그 시장 규모가 연 1조 엔을 넘을 만큼 크다.

'어떻게 죽어야 잘 죽는 것일까?', '잘 죽기 위해 할 수 있는 일은 무엇일까?' 이런 물음을 가만히 생각해보면 '어떻게 살아야 할까, 잘 살기 위해서 할 수 있는 일은 무엇일까'라는 물음과 질감이 같다. 어쩌면 필연의 죽음을 인식하고 준비하는 일이야말로 삶을 담대하게 살게 하는 한 방법인지도 모르는 일이듯, 인생의 아름다운 마무리를 위한 '웰 다잉'은 자신의 죽음에 이르는 과정을 스스로의 노력으로 아름답게 매듭지으려는 고결한 실천 활동이다.

일전에 노년유니온과 서울 동부병원 주최로 한 말기 암환자가 많은 지인들을 초대해 시종 즐거우면서도 사람들 마음에 우정과 사랑을 기억하게 하는 이른바, '생전 장례식'을 시도했다. '나의 환타스틱한 장례식'이란 이름으로 진행된 이 행사 영상의 일부가 소개되어 참여한 사람들에겐 아름다우면서도 결코 가벼울 수 없는, 인간관계의 마지막엔 어떤 작별의 풍경이 좋을까 생각하게 한 행사였다.

생전 장례식처럼 최근엔 웰 다잉을 준비하는 새로운 장례문화가 시도되고, 죽음을 준비케 하는 사회교육과 종교적인 호스피스 케어 프로그램이 광범위하게 시도되고 있다.

세상에 오는 데엔 순서가 있지만 떠나는 데엔 순서가 없다. 내 손에 내 가슴에 내 혀에 따뜻한 기운이 남아 있을 때, 사랑하는 이들과 악수하고 포옹하고 '사랑해!'라고 말할 수 있다면 그 얼마나 행복한 웰 다잉인가.

삶을 마치는 소멸의 상징으로서의 죽음이 아니라 삶을 완성하는 단계로서의 죽음을 맞이하기 위해 우리는 웰 다잉을 원하며, 아름다운 죽음을 준비하는 태도는 남은 사람에게도 삶을 격려하고 긍정적으로 이끄는 힘이 될 것이라 믿는다.

그대도 나도 부디 웰 다잉…♡

봄의 생명

백병원 가는 길에 아내의 전화가 울렸다. 아내는 한손으로 주머니에서 전화기를 꺼내다가 조수석 의자 밑으로 빠트렸다. 벨 소리가 계속 울리자 아내가 말했다.

"오빠, 길가에 차 대고 의자 밑에 전화기 좀 꺼내주세요."

"아니, 이봉창 열사가 일제 군경 앞에서 머리를 숙이지 않았던 것처럼 나도 시시하게 전화기 꺼내는 일로 머릴 조아리고 싶지 않아. 자기 폰은 자기가 책임지기."

"오빠, 의자 밑에 떨어진 내 전화기를 꺼낸다는 건 향기를 꺼내는 일이며 찬란한 봄의 생명을 꺼내는 일이거든요."

"향기도 아니고 봄도 아니거든."

"전화기 안 꺼내주면 확 혈압 올리뿔끼다!"

"아, 알았어, 꺼내줄게."...ㅠㅠ

* 아내는 뇌출혈로 쓰러져 7년을 병실에 있다가 나온 뇌병변 장애인이다. 여전히 난치성고혈압 환자로, 낮을 땐 60 이하로 떨어져 응급실이나 중환자실에 있거나, 치솟으면 250까지도 올라간다. 그러다 보니 일상이 늘 위태롭다.

연속극 주인공

귀가하니 막둥이가 엄마랑 영화 '블랙 머니'를 보고 왔단다.

"무슨 내용이야? 감동적인 영화였어?"

"금융 비리를 파헤치는 내용인데 어두운 느낌만 받았어요."

"두 사람은 좀 어두워져야 해. 나 몰래 영활 보러 가다니..."

"아빠, 있잖아요. 엄마랑 택시 타고 오면서 진지하게 얘기했는데, 아빠 놔두고 엄마랑 나랑 둘이서 살면 어떨까, 이런 얘기도 했대요. 껄껄껄."

"새꺄, 너 지금 이 대화가 테레비 연속극에 나온 주인공의 대화라고 생각해봐, 시청자들이 널 얼마나 배은망덕한 아들이라고 손가락질하겠어? 그리고 너 유치원 소풍 갈 때 가져간 도시락 아빠가 쌌고, 너 어깨 수술하고 누워있을 때 밤새워 널 지킨 사람도 아빠거든."

"아빠, 지금 이 장면이 텔레비 연속극 주인공의 대화라고 생각해보세요. 영화 한 편 같이 안 봤다고 이성을 잃어버리는, 이상한 아빠가 세상에 또 있을까, 하지 않겠어요? 껄껄껄~"

“독한 놈!”...@"@;;

영화 '기생충'

영화 '기생충'의 오스카상 소식에 열광하는 미디어가 떨떠름하다. 언제나 그렇듯 '적당히 즐기는 것들'은 자신들의 즐거움을 방해하는 '심각한 것들'은 가만두지 않는다. 그들이 영화 '기생충'에 이토록 환호하는 건 겨드랑이를 툭툭 건드리기만 할 뿐, 적당히 심각하지만 우습고 즐거운 영화이기 때문이다. 세상을 즐기는 것들이 더 즐겁고자 만든 '상', 그 '상'을 만든 것들이 '상'에 환호하는 부르주아 자유주의.

세상의 그 어떤 '상'도 인간을 기름칠이 필요한 기계의 부속품처럼 파편화하는 심리적 기제를 갖고 있으며, 인간의 본성에 체제의 물성을 덧씌운다. 그리고 수여자의 기득권에 동의하고 복종하기를 요구하는 체제의 교묘한 관리도구이기도 하다. 영화 '기생충'은 적당히 우습게, 계급의 속성을 저열한 방식으로 여기저기 드러내지만, 시종일관 철저히 자유주의자들의 구미에 맞게 만들어진 오락영화임을.

명심하라, '즐기는 것들'은 '심각한 것들'을 의도적으로 못 본 척하거나, 때론 조롱하거나, 때론 철저히 짓밟는다는 걸!

씨바!

국회 인사청문회 풍경, 묻는 것들이나 답하는 것들이나 참 살맛 안 나게 한다. 개량의 시대, 정권의 한계를 극명하게 드러내는 대목인 듯. 노골적인 투기 행각, 잦은 위장전입, 이중 국적, 다주택 소유, 전문적인 주식 투자까지. 그 면면을 보니 과연 노동을 천시할 수밖에 없는 권력이 틀림없다.

'아내가 한 일이라 잘 모릅니다.'

출세주의자들의 공통 어법이고 덕목인가, 불리한 대목에선 너도나도 한결같다. 민중을 위해 권력을 쓰겠다는, 추상같은 의지를 지닌 놈이 하나도 안 보인다. 한 줌도 안 될 파시스트들이 새삼 기세등등해진 이유를 알겠다. 씨바!

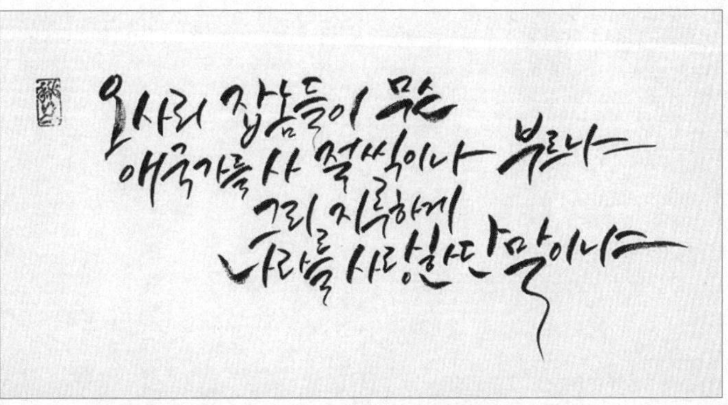

소변검사

오늘은 병원 순례의 날, 아내는 백병원 심장내과, 신경외과, 난 윤내과에서 소변검사, 피검사를 했다. 최근 현미밥 채식에다 식도염에 좋다는 무즙을 매일 만들어 먹었는데, 아내의 당뇨는 수치상 현저히 좋아졌고 난 여전히 무겁다. 운동과 음식, 생활 관리를 게을리 했을 거라고 쌤께서 눈치를 줘 술술 다 불었다.

그나저나 눈곱만한 통에 오줌 받다가 꼬추가 안 보여 바짓가랑이와 손 다 젖었다.

씨바! 배 나온 사람에겐 소변검사 통 좀 큰 거 달라고...@"@;;

선행과 자족

평소 내 게시물에 '좋아요' 자주 누르던 50대 남성 페친이 '민중총궐기'로 서울 올라간다는 내 게시물을 보고 서울역에서 잠시 시간 내달라며 밥을 사겠다고 메시지를 보내왔다. 전화번호를 주고받은 후 서울역에서 만났는데, 음식 이름이나 식당 이름은 기억하질 못하겠다. 고기와 다양한 채소가 있는 뭔가(^^) 푸짐한 음식을 배불리 먹었고, 바로 헤어져 난 광화문으로 갔다.

그날 난 밤새 데모하며 그가 값을 지불한 음식, 그가 소비한 시간과 친절을 까맣게 잊었다. 그리고 며칠 지나지 않아 그가 날 차단했음을 알게 되었다. 그는 그 음식을 통해 내게 격렬한 고마움과 지지의 표현을 타임라인에 올려주길 기대한 걸까?

서울 '북 토크' 행사 가는 길에 어느 부부 페친을 만났다. 서로 반가워했고 길에서 잠시 수다 떨다 헤어질 때쯤 하행 KTX 표를 카톡으로 받았다. 덕분에 행사 마치고 시간 맞춰 편하게 돌아왔는데, 그러고 나서 꽤 오랫동안 그 두 사람이 타임라인에 보이질 않아 혹 집안에 어떤 갈등이나 사고가 터졌나, 생각하며 이름을 찾아 검색해보니 부부가 다 날 끊었음을 알았다.

날 끊은 이유가 궁금해 북 토크 직후 그 부부의 타임라인을 찾아보니 "자뻑인 사람은 다 끊습니다."라고 게시물을 올린 후 날 끊었음을 알게 되었다. 그들 역시 내게 차표를 통해 격렬한 고마움과 지지의 표현을 기대한 걸까?

참된 선행은 정진하는 수행과도 같아 선행의 과정과 결과에 대해 어떤 소리도 나지 않는다. 소리 없이 이루어지는 선행, 종교적으론 공적(혹은 적공)이라고도 하고 높은 차원의 수련 행위로 여긴다.

밖으로 공표하지 않아도 안으로 묵묵히 믿고 돕는 일, 이는 어머니가 아기를 뱃속에 품은 후 평생 자식을 돌보며 갖는 마음과 같은 것이어서 상담 영역에선 별도로 부모의 마음과 그 궤적을 가르친다. 어쩌면 사랑이란 다 그러하지 않을까? 유소년기 아이들의 일탈을 설명하는 모원병(母原病)의 스펙트럼이 넓은 이유는 어머니의 마음이 그만큼 넓고 깊기 때문일 터.

자기 행위의 결과로 만족스럽지 않은 상태가 되는 것, 그 소소한 마음의 불편 탓에 타인과의 관계를 단절하는 건 온전히 자신의 문제이고 결정이다. 하지만, 누군가를 일거에 '자빽'으로 규정하는 일상의 공격성이나 감정의 자족에 빠지는 행동은 문제가 있다고 본다. 어쩌면 이윤을 기초로 하는 자본주의 체제의 경제 논리(비싼 밥 얻어먹었으면 밥값을 해야 한다는 의미로)일 수도 있겠다.

바다 위 무수한 섬이 각자 떨어져 고립된 듯 보이지만, 대지는 저 깊은 곳에서 서로 손잡고 있다. 우린 모두 보잘것없는 섬이지만, 끊임없이 퍼붓는 비바람과 파도를 견디면서도 공(功)

을 지향하는 생애를 통해 인간의 본성을 만나고 나의 본성을 회복한다.

어떤 사람과 어떤 가정에, 2대 3대에 걸쳐 선행을 실천하는 사람을 만난 적 있다. 부모의 마음으로, 측은지심으로, 시종일관 믿고 돕는 일을 계속하는 적공일 터. 우리가 행하는 선행의 확장성은 '내가 받은 은혜와 감사는 반드시 내 주위의 누군가를 일으키는 내적 힘으로 작용한다.' 믿습니다! 아멘...^^

새해, 가난하고 초라하고 늙수그레하지만, 모다 성능은 쪼끔 좋은 내게 감자탕, 수백, 붕어빵, 카페라테, 숭어회 산 사람들이여, 새해 사준만큼의 잔소리할 생각 말고 생애의 공적 계속 쌓아나가길 바라는 마음 전하며, 모두 해피누이얼~♥

생존전술

당뇨, 혈압, 통풍, 고지혈증, 식도염, 복부팽만, 모다 중독 등 다발성 특수 질환자의 저녁 식탁은 오직 식물성이다. 살 두터운 생선 한 마리 곁들이면 최고겠지만, 돈이 모자라 연지시장 할매한테 채소만 잔뜩 샀다. 요즘 거의 채소로 배 채우는데, 허리둘레는 눈곱만큼 줄고 몸무게는 그대로다.

혈액순환에 도움이 될 듯해 끊임없이 미역국만 먹는데, 아무래도 내 피는 쫌굼 더러운 거 같다. 약한 소금 간에 끓인 국물은 그런대로 만족. 깨끗하게 흡입 완료.

단백질 보충이 급할 땐, 가끔 나와바리 나가면 보게 되는 얼라들 불러 "니 지금 고기 안 땡기나? 난 갑자기 고기가 땡기는데 우짜면 좋을꼬?"라고 한마디 하면 오케이다. 쫌굼 비굴하게 단품 육류 삥을 뜯는 생존전술 실행 중이다.

그나저나 시민공원 한 바퀴 돌고 오니 땀이 줄줄…ㅠㅠ

주한미군

전체 주둔 인원도, 전체 주둔 비용도 밝히지 않은 채 주한미군 주둔 경비 전액을 내라며 미국이 협박용으로 철수 운운하고 있다. 불과 십수 년 전, 대대로 농사지으며 평화롭게 살던 대추리, 도두리 농민들을 미군기지 짓는다고 군경의 무력으로 몰아낸 그 절망과 눈물의 밤들, 대추분교의 풍경이 여태 생생하다. 당시 민주노동당 당원들의 총력투쟁, 정말 피 터지게 싸우고 끌려가고 개처럼 두들겨 맞았다.

이놈들, 무려 21조 원을 들여 수백만 평에 이르는 농민의 땅을 갈아엎고, 18홀 골프장까지 있는 세계 최대의 미군 기지를 갖다 바쳤음에도, 임대료나 주둔비용을 내기는 커녕, 걸핏하면 철수 운운하며 협박을 일삼는다. 대 중국· 대 러시아의 군사적 전초기지란 미군의 성격에 대해선 단 한마디도 하지 않는, 덩치만 컸지 아주 꼴짭한 새끼들이다. 니기미, 이참에 느그가 나가지 그래, 느그만 나가면 뭘 해도 살판날 거 같으니까.

바람 부는 날

뭔 바람이 이리 부노, 꽃 다 떨어지겠다. 꼭 미친년 멀끄디 날리듯 오늘은 바람이 지랄이네.

야트막한 언덕 위 찻집 마당
동백의 선홍색 이파리가 바람에 떨어졌다
그리고 저 멀리
하얀 파랑(波浪) 위로 그리움이
피처럼 날리던 아침나절
하늘에선 우수가 뚝뚝 떨어졌다

＊ 멀끄디 / '머리카락'의 경상도 사투리.

사과의 표현과 컴플렉스

가족관계 상담을 하다 보면 갈등의 지점에서 은근히 빙빙 돌리며 비겁하게 행동하는 사람이 많아. 자신에게 유리한 건 고백을 빙자해 과잉 표현하기 일쑤고, 불리한 건 대개 시댁 친정 탓이거나 남 탓을 하지. 문제의 상황을 찬찬히 설명하고 해결하는 능력이 부족한 사람일수록, 주변의 온갖 시스템에 문제가 있다며 공격하고 변명하면서도, 사적인 욕구 불만은 '정의', 또는 '도덕'을 빙자하여 예사로 편법을 쓰지. 이건 부부나 부모 자식 간에도 예외가 없어.

"얘길 듣고 보니 제가 잘못한 것 같습니다. ○○께 사과하고 싶습니다."

이런 정직한 사과의 표현 자주 하는 연습을 하면 어떨까. 과오를 인정하는 게 좀 화나고 마음에 안 들어도 어때, 사과의 표현은 자신을 지금보다 더 당당하게 만들고 내면의 컴플렉스를 조금씩 극복하게 하는 중요한 방법이기든. 끊임없이 변명하고 남을 탓하는 이상 일상의 고통은 누적될 뿐 소멸하진 않아.

우리 내면 깊숙이 감추어진, 이른바 대장부 컴플렉스, 장남 컴플렉스, 외모 컴플렉스, 아, 변강쇠 컴플렉스, 평강공주 컴플렉스도 있어.

"당신이 지금은 쪼큼 누르팅팅하고 못생겼다 해도 정직하게 고백하는 연습을 계속하면, 누런 당신의 양푼이는 점점 아름답게 변해 나중에 할매 할배가 되었을 땐 아주 일품 세숫대야가 될 거야"… 요건 내 말.

"예나 지금이나 누런 양푼이인 당신이 걸핏하면 변명을 일삼으며 산 탓에, 갈수록 이상한 세숫대야가 되어 할매 할배가 되었을 땐 똥고집만 남은, 완벽한 노추(老醜)의 요란한 꼰대가 될 거야"… 요것도 내 말.

돈 좀 벌었다고, 이런 저런 상 받았다고, 얼굴 좀 잘 생겼다고, 공부 좀 많이 했다고, 열심히 투쟁했다고, 일등 했다고, 너도나도 텃밭 일구며 사는 노후를 꿈꾸는 우린 어때?

돈 못 번 사람에게, 상 하나도 못 받은 사람에게, 쪼굼 못생긴 사람에게, 공부 못한 사람에게, 사느라 투쟁하지 못한 사람에게, 꼴찌에게, 가난한 딱지 지붕의 골목 오르내리며 꿈이 뭔지도 모른 채 하루하루 살아가는 사람들에게 죄송한 일은 또 얼마나 많아?

작년 초 어느 부부에게 이혼을 권유한 적이 있어. 조금 먼저 딴살림 차린 신랑과 그보다 조금 늦게 새 남자에게 빠져든 각시의 이야기야. 두 사람 다 아이 둘을 맡아 키우려 하지 않으면서도 만나면 으르릉대며 싸우기만 해서, 잃어버린 행복을 눈곱만큼이라도 찾기 위해 이혼하는 게 좋겠다고 말해주었지. 단, 양육은 아이들의 선택을 따르되 법정 양육비 송금은 철저히 지키라고 했지.

결국 아이 둘은 친정의 어른이 맡기로 하고 두 사람은 합의 이혼했어. 신랑의 양육비 송금이 아주 불규칙하고 성실하지 못해 여전히 문제이긴 한데, 일은 즈그가 일으키곤 죄 없는 애들과 할머니가 그 무슨 고난이래? 우리가 맨날 욕하는 정치인들 저리 가라 할 정도로 비겁하다고 생각하지 않아?

살면서 누군가를 책임져보지 않은 사람이, 걸핏하면 바람나고 딴살림 차리고 폭력을 일삼는 사람이, 뭐? 자유? 자유연애? 상대야 피 흘리며 무너지든 죽든, 똥꾸지처럼 뜨겁게 타며 녹아버리든, 편하게 저 떠나고 싶을 때 떠나고, 저만 신세계를 향유하고 싶은 게 무슨 자유니, 이기(利己)지.

참, 외모 컴플렉스를 지닌 사람일수록 공격적이고 분쟁을 만드는 댓글을 달거나 사소한 시비로 소송까지 발전하는 경향성이 있대. 잘났든 못났든 외모에 자신감이 있으면, 관대하고 따뜻한 댓글을 쓰는 경향성이 있다 하니 쪼큼 참조하면 좋겠네.

난 어마어마하게 뚱뚱하며 꽤 못생겼고 가난하지만, 그냥 관대하고 따뜻한 댓글 달래. 자꾸 뚱땡이라고 놀리고 깔치뜯으면 바로 차단할 거니까…^^

* 똥꾸지 / 설탕 녹인 과자 '달고나'의 바닷가 사투리.

약속

나는 크든 작든 '약속'을 일상의 중요한 사건으로 인식하며 사는 사람이다. 나에게 원고료, 인세, 밥, 책, 빵, 고기, 꽃, 지지, 질문에 대한 답, 우정, 사랑을 보내기로 약속했던 사람들, 해 가기 전에 빨리 약속 지키길...^^

삼가 고인의 명복을 빕니다

사람들은 너무 쉽게 '힘내세요.' 아니면 '파이팅!'이라고 하더라고요. 또 누군가 돌아가시면 너무 쉽게 '삼가 고인의 명복을 빕니다.'라고 하던데, 난 그런 댓글이 못마땅할 때가 많아요. 어떻게 힘내고 어떻게 명복을 빌 건지 내용도 명확하지 않은 데다, 살아온 관록과 짬밥이 있는데 좀 더 실천적인 언어로 표현을 해야 하지 않을까요?

고작 몇 글자로 없던 힘이 불쑥 치솟는다거나 고인의 명복이 쉬 빌어질 것 같진 않더라고요. 그래서 말인데, 내가 꼴까닥하기 전에 '저 이만 갑니다.'라고 시간을 두고 인사 올릴 테니 '삼가 고인의 명복을 빕니다,' 이런 댓글은 쪼큼 사양하고 싶어요.

'못 다 먹은 고기 하늘에서 마음껏 드세요.'라든지, '못 다한 사랑 하늘에서 이루세요.'도 좋겠고요. '그리운 사람 그곳에서 꼭 만나게 되기를 바랍니다.', 이런 댓글 좀 부탁해요.

그게 정말 하늘 가는 길에 들릴 것 같은 언어라고 생각해요.

쪼잔한 얼라들

별거 아닌 일에 삐지면 아예 가슴 문 닫는 얼라들. 소소한 일에 콩고물 좀 묻었다 하면 원칙 운운하며 제일처럼 거품 무는 얼라들. 제 마음에 안 들고 좀 불편하면 갈라설 생각부터 하는 얼라들. 어떤 자리에서도 자기 내세우는 일에 몰두하며 잘난 척하는 얼라들. 부자나 권력 앞에선 최대한 가까이 있으려는 전형적인 출세주의자들. 식구조차 품지 못하면서 감히 나라를 구하겠다는 구국의 얼치기들. 관공서 지인 찾아다니며 나랏돈의 출처 찾는 데 급급한 얼라들. 시민, 국민, 협회, 사단법인, 무슨 협의회에서 운신을 도모하는 관변 개량주의자들. 설명과 설득, 화해와 기도가 아니라 고함치고 주먹부터 내지르는 얼라들. 그리고 무엇보다, 사소한 일에 일희일비하며 충동에 목숨 거는 쪼잔한 얼라들.

세월은 강물처럼 흐르고
산지사방 풀은 번지는데
소는 누가 키우노?

묵묵히, 허름하고 눅눅한 바닥에 시선을 두고, 반민중의 대척점에 서서 웅혼한 인간의 기운을 실천하는 이, 그런 소 키우는 영혼이 그리운 시절이다.

강원도 정선

아내가 저녁 식탁에서 강원도 정선에 다시 가보자고 했다. 아리랑시장 풍경도 오붓하고 좋았고, 파는 사람이나 사는 사람이나 도시 사람과는 달리 순박해 보였고, 살 것도 몇 개 있다며 꼭 다시 가보고 싶다고 했다.

"5월 연휴 상황 봐서 가도록 해."

"오빠, 이번 금요일 저녁에 출발해 정선에서 자고 토요일 돌아보고 내려오면 안 될까요, 너무 피곤하려나?"

"나 토요일 서울 갔다가 오후에 양구 가야 해."

내 대답이 떨어지자마자 아내는 식탁을 걷어차는 시늉을 하며 "정선에 가고 싶단 말이야, 씨바!"라고 외쳤고, 코앞으로 뾰족하고 긴 금속성 씨바 두 개가 휙 지나갔...@"@;;

결핍 중독

쇼핑중독에 빠진 30대 여성의 피폐한 일상을 TV에서 보았다. 함께 사는 노모를 무시로 때리며 노예처럼 부리고, 가짜 통장을 만들어 여기저기 사채를 쓰거나, 기초생활수급자 가정에 나오는 생계 지원금조차 인터넷쇼핑에 탕진하는 주인공, 내가 볼 때 상담과 치료가 시급한 상태였으나 완강히 거부해 결국 제작진은 철수하고 만다.

몇 년 전, 부부싸움을 한 다음 날엔 주방에 있는 그릇을 트럭 단위로 사서 모조리 바꾸고, 걸핏하면 몇 백만 원 하는 앙드레김 옷을 사는 게 유일한 낙이었던 유한계급의 여성과 몇 차례에 걸쳐 상담한 적이 있었는데, TV를 보다 문득 그녀를 떠올렸다. 부유하나 가난하나, 두 여성의 쇼핑중독에서 자본주의 체제가 만든 양극성을 본다.

채소나 과일, 반찬을 사러 시장에 갈 때도 뭘 살지 미리 의논하고, 일인당 만 원이 넘는 음식을 먹거나 유행하는 영화 한 프로 보는 것도 사전에 정보를 두루 살피고, 관객의 평가까지 다 읽고 나서 의견이 맞아야 가물에 콩 나듯 극장에 가는 우리 부부의 일상은 가히 결핍 중독 상태인 듯. 그럼에도 우리 부부는 가랑이에 바람 든 사람들처럼, 눈만 뜨면 서로 속삭이며, 걸핏하면 장난을 걸며 깔깔깔 웃는다. 아내의 오랜 병원 생활과 궤를 같이해온 일상의 돈 걱정은 물론, 병원으로 출퇴근하며 불알에 요롱소리 나게 돈 벌러 다니면서도, 여전히 우린 만남의 설렘을 기다리며 연애 상태를 유지한다.

가난할수록, 결핍이 깊을수록, 소비가 아니라, 스스로 만들어내는 자잘한 행복에 중독되는 게 결핍을 이기는 지혜가 아닐까.

고라니골

풀과 꽃, 흙과 벌레, 나무와 새로 포위된 양구 고라니골에선 집밖으로 나가 주섬주섬 뜯기만 하면 풋풋한 나물이 되고 샐러드가 된다. 난생처음 꽃을 뜯어 샐러드로 만들어 먹어본 민들레와 제비꽃 샐러드, 매매 씹으니 고소한 향과 맛이 혀를 간질이고, 원시의 향이 식도와 위벽을 콕콕 찔렀다. 삼겹살 위에 풀과 꽃 몇 점 얹어 꼭꼭 씹으니 그 향이 어찌나 시골스럽던지...^^

소양호 전망대가 있는 꼬부랑카페 데크에서 만난 엄마 고양이와 아빠 고양이는, 코앞에서 거인이 째려보고 있어도 아주 대놓고 몸을 비볐다. 벌건 대낮에 꼬리 쳐들고 사랑을 나누는 아이들을 보며, 지천으로 자연과 함께 어울려 산다는 게, 뭇 생명들에겐 얼마나 행복한 일인지 실감했다.

월요일의 백병원

월요일이라 그런지 신경외과 외래 환자가 미어터진다. 대기 공간에서 기다리는 사람이 족히 백오십 명은 될 듯. 아내는 무심히 폰을 무릎에 놓고 한손가락으로 블록을 깨며 어지럼증을 견디고 있다. 난 병원 후문에서 사온 고소한 붕어빵 냄새를 풍기며 그 옆에 앉아 호호 불며 연신 뜯는다.

오늘은 당뇨 센터와 순환기내과까지 다 돌아야 해 마음이 바쁘다. 부디 무리 없는 결과를 듣고 이 북새통의 공간에서 나서게 되길.

1박 2일

아니, 하얀 와이셔츠를 교복처럼 차려입은 재벌 총수들 말이야, 무슨 스탠딩 호프 미팅이라 하던데, 내가 보기엔 무슨 리허설 중인 연예인들 같았어. 자신들의 오늘이 가능하도록 뼈 빠지게 고생해온 노동자들을 한여름 매미 보듯 무시하는 차별과 독식의 살벌마왕은 거기 다 모였더구먼. 대법원이 명백한 불법이라고 판결했음에도 썩소만 날릴 뿐, 그 어떤 반성과 조치도 하지 않는 저 뻔뻔한 세숫대야들.

생각해 봐, 그 땡볕에 한번 만나 우리 얘기 좀 들어달라고 몸부림쳤던 하청 재하청 노동자들이 체감했을 절망을, 경비대에게 텐트와 비닐까지 빼앗기고 우산 아래 누웠던 그 빗속의 파리한 표정들을 말이야.

아, 그리고 북의 미사일 발사실험에 싸드 발사대 추가 배치를 하며 북 지도부를 궤멸시키는 훈련이라고 떠든 한미 미사일 타격훈련 말이야. 이건 뭐 북이 하면 도발이고 남이 하면 혈맹이고 훈련인 거야? 미국은 끊임없이 북폭 가능성을 언급하며 정치 경제 봉쇄로 북을 고립시키고 위협하는데, 퇴로 없는 고양이 앞의 쥐가 안 그러겠냐고?

도망갈 구멍

열두어 살쯤 되었을까

막다른 골목 담벼락에 등 대고
고양이에 맞서는 쥐를 보았다

정교한 폭력에 눈두덩에선 피가 흐르고
투항이 죽음이란 걸 아는 놈은
목뼈가 꺾이고 내장 널브러질 때까지
드세게 흔들며 엄니로 고양이를 찍어댔고
퇴로가 없음을 깨달은 목숨은 그렇게
강박충동에 헐떡이다 황홀히 아스러졌다

도망갈 구멍이 있는 놈들은
반드시 싸우는 척하다 사라진다

그랬다
이종(異種) 공생과 평화를 말하던 전위가
그 참살의 기억에서
비열한 얼굴로 스멀스멀 기어 나왔다

아침 뉴스를 보니 북의 미사일 발사에 대한 남의 신속하고 강력한 요강 배뇨를 드럼통에 오줌 싸는 놈이 크게 칭찬했다 하네. 거참, 나라 전체가 통일에 대한 전망을 상실하니까 아주

식민지 개드립이 파노라마처럼 펼쳐지는구먼, 이렇게 위협하면서 올림픽 같이 하자고 꼬드기는 건 좀 비겁한 행동이란 생각 안 들어?

세숫대야 한 번 보면 한 달은 재수 없는 김기춘이 꼴랑 징역 3년 받았더구먼, 그리고 세숫대야 무광 코팅의 '긴 머리 악녀' 조윤선은 집행유예로, 예의 황홀한 머리카락 휘날리며 슈퍼모델처럼 빵을 걸어 나오더구먼. 편의점에서 라면 몇 개 훔친 생계형 잡범에게 징역 3년을 때리더니, 온 국민을 수치스럽게 한 대역 죄인에게는 왜들 이러는 거야? 이게 무슨 촛불이고 혁명이야?

그 겨울, 촛불집회 주도했다고 구속된 사람들, 강연 한 번에 내란선동죄로 몇 년째 현직 의원과 정당원들을 가두고 해산시킨 세력이 촛불의 힘으로 탄핵되고 새 정부가 들어섰으면, 맨 먼저 감옥 문부터 열어야 하는 거 아냐? 먼저, 양심수부터 풀어주고 위로하고 복권시켜야 하는 거 아니냐고? 무슨 나라가 온통 1박 2일 보는 것 같아. 왜 그래?

형부

성당에서 거의 살다시피 하는 안나 씨는 장애인인데, 언제부터인가 아내에겐 언니라 부르고 내겐 아저씨라고 부른다.

"안나 씨, 난 언니의 남편이니까 날 형부라고 불러야 맞는 거 아녜요?"라고 했더니 "좀... 부끄러워서..."라며 소녀처럼 수줍어했다. 오가며 만나면 자판기에서 음료를 하나 빼주거나, 오늘처럼 출소자 공동체 '성모 울타리'에서 나와 빵을 파는 날엔 미사 마치고 나오며 빵 한 봉지를 선물하기도 한다. 오늘 안나 씨가 분명한 발음으로 "형부!"라고 날 불러 살짝 속삭이듯 말했다.

"안나 씨가 형부라고 부르니까 너무 기분 좋아요."라며 엄지를 치켜들었다. 마침 지갑에 만 원이 남아있어 안나 씨에게 활짝 웃으며 빵을 사 선물했다. 덕분에 인사 나누고 돌아오며 잠시 행복해졌다.

영화 '생일'

세월호의 상처, 졸지에 자식을 잃은 부모의 가없는 고통을 진정성으로 표현한 영화 '생일'을 보았다. 거대한 배가 가라앉는 아비규환의 순간이나 진상규명을 요구하는 풍경, 진실을 피하기에 급급했던, 무책임하고 부도덕한 권력 앞에 끝없이 울며 굶으며 분노하고 싸우는 장면은 하나도 없다. 그러나 영화 '생일'은 자식을 잃은 부모가 어떻게 무너지는지, 그리고 어떤 과정으로 일어서는지 천천히, 담담하게 보여준다. 치 떨리는 죽음의 현장이 아니라 남은 가족들의 고통스러운 내면을 섬세하게 추적하고 묘사하는 방식으로, 되려 관객에게 진실과 슬픔을 전하는 데 성공하는, 매우 잘 만든 영화라고 생각한다.

설경구, 전도연의 섬뜩하리만치 담담한 표정 연기, 후반 30분이 넘도록 롱 테이크로 잡은 망자의 생일잔치 풍경, 그 넘실거리는 리얼리즘은 가히 압도적이었다. 아내와 난 손수건이 다 젖을 만큼 울었다...ㅠㅠ

더 얘기하면 스포일러가 될 듯해 이만 줄이기로 하고, 아직 영화 '생일'을 보지 않으신 분들 꼭 보시면 좋겠고, 이 영화가 적자 나지 않으면 좋겠다.

오드리바

집엔 층과 층 사이 내부 계단의 꺾이는 부분에 큰 창이 있고 그 창의 바깥으로 폭 60cm 정도의 긴 배수로가 있다. 아침부터 한낮까지, 평균 4~5시간의 볕이 필요한 식물 50여 종이 그 좁은 배수로에 늘어서서 초봄부터 초겨울까지 산다.

아내의 보행을 돕기 위해 실내 손잡이 공사를 할 때, 일하는 분들이 층간의 그 부분을 '오드리바'라고 해 참 특이한 이름이다 싶었는데, 문득 생각나 아내에게 그 얘길 해줬더니 어감 탓에 둘 다 미친 듯 웃었다. 그 후 아내는 가끔씩 날 '오드'라고 부르기 시작했다. 가만히 보니 일 시킬 땐 '오드', 부탁할 땐 '오빠'였다.

"오드, 창틀 걸레질 좀 하고 주전자 물 냉장고에 넣어주세요."

"오빠, 문득 탕수육이 먹고 싶어요."

'오드'나 '오빠'나 내 내답은 같다.

"알았어."...@"@;;

2부

아들의 원룸

제대 후 복학하는 막둥이가 앞으로 2년간 살며 공부하게 될 집주인에게 오늘 잔금 치르고 간단한 살림살이를 들였다. 딸아이 서울서 공부할 때 살림살이 후배들에게 물려주고, 막둥이는 입대에 앞서 그랬으니, 이번에 장만한 살림살이가 세 번째다. 내가 버는 게 시원찮아 늘 중고를 사는 편이지만, 침대와 서랍장은 과감하게 새 걸로 넣었다.

엄마는 병원을 제집처럼 다니지, 아이들 공부 시키느라 등골 빠진다. 이제 딸아이는 결혼해 독립했으니 되었고, 2년만 더 고생하면 터널의 끝을 볼 수 있겠지.

원룸 바로 앞에 있는, 근사한 식당과 커피숍에서 밥 먹고 커피 마신 후 아들에게 신신당부했다.

"2년 동안 이런 집엔 절대 드나들지 말아라, 너도 망하고 나도 망하고 나라까지 망하니까."

앞으로 2년, 녀석에게 집세와 공과금, 매주 생활비와 용돈 보내려면 난 수백도 끊고 커피도 끊고 목욕, 이발, 샴푸, 세차, 달팽이 크림도 끊어야 한다...ㅠㅠ

똑띠 오빠

아들과 아내랑 영락공원에 가서 부모님을 위한 새해 기도를 하고, 노포동 화훼단지 들러 마사 두 포 사고, 연지동 보리밥집에 가서 납작만두와 들깨칼국수 먹고 돌아왔다. 집으로 오는 차 안에서 아내가 뜬금없이 시비를 걸었다.

"똑띠 오빠."

"응?!"

"아까 영락공원 입구에서 나보고 길 모른다며 띨띨하다 했죠?"

"혹시 당신, 달달하다는 걸 잘 못 들은 거 아냐?"

"뚱뚱한 돌삐 오빠, 길 모르는 것과 달달하다는 게 문맥 연결이 돼?"

"아, 그럼 미안! 뚱뚱한 똑띠 오빠 정중히 사과합니다."

뒷좌석에서 듣고 있던 아들이 한마디 거들었다.

"오늘의 소동은 미필적 고의에 의한 엄마의 과잉 해석으로, 더 계속하면 아빠의 급성 심근경색이 우려됩니다. 사랑하는 엄마는 자중해주시길 바랍니다."

"꼬~시다!"...@"@;;

텡거얼의 천당

전통음악이든 대중음악이든, 몽골의 음악을 들으면 기원을 알 수 없는 아득함을 느낀다. 중국판 '나는 가수다' 프로그램에서 열창하는 몽골의 배우이자 가수인 Tengger(騰格爾/텡거얼)의 천당(天堂)은 특유의 선율과 가창력으로 아련한 비애에 젖게 한다.

백 번 가까이 따라 부르며 드디어 가사 다 외웠다. 그의 앨범 'Blue Wolf'가 잘 알려진 명반이라 하는데 꼭 사서 듣고 싶다.

파랗고 파란 하늘 푸르디푸른 호수
녹색의 초원 여기가 나의 집
힘차게 달리는 준마와 희디흰 양떼
나를 기다리는 아가씨가 있는
사랑해요 나의 집 여기가 나의 집
사랑해요 나의 집 나의 집은 나의 천당
여기는 나의 집 나의 집은 나의 천당

와 꽂지랄이고?

오늘 선생님과 대화 중 자유당 떨거지들 부분에서 "난지 좆지리만 한 것들"이라고 했더니 선생님께선 크게 웃으셨다. 내 입에 붙은 '어머니 언어'의 전형이다.

체구는 작았지만, 생각은 태평양 같았던 어머니의 입에선 그런 동백꽃 같은 언어가 무시로 뚝뚝 떨어졌다.

"와 꽂지랄이고? 꽂이 니보고 씹하자더나?"

"염병도 질게 하모 뒤징깨내 고마 씨부리고 자꾸 닫아라잉"

"모가지 시잉 박았나, 와 대가리 치키드노?"

지금도 내 혈관을 타고 흐르는 어머니의 쇳물 같은 언어들.

* 난지 – 난쟁이
* 좆지리 – 좆 길이
* 뒤징깨내 - 죽으니까
* 씨부리고 – 말하고, 주디 놀리고
* 자꾸 – 지퍼
* 시잉 – 철심
* 치키들다 - 쳐들다

엘프 통신

도자기 화분은 겉보기엔 아름다워 보이지만 뿌리가 숨 쉬는 걸 방해하니 식물의 입장에서 보면 별로야. 속으론 골병이 든, 겉멋 든 신사라고나 할까. 그래서 도자기 화분을 살 땐 아래쪽 구멍은 최대한 크게 뚫은 게 좋아. 구멍이 작다면 하부에 스티로폼 조각을 받친 후 거름망과 굵은 모래를 깔거나, 마사 비율과 통기성을 높여야 하는 수고가 따르지.

토기 화분은 식물을 건강하게 자라게 하는 최고의 재질이야. 온몸으로 종일 뿜뿜^^하니 뿌리도 건강하고, 물을 주고 이삼일이면 화분 속도 뽀송뽀송해져. 다만, 시간이 지나면 흙과 물이 겉으로 배어나와 외양이 지저분해지지. 하긴, 몇 년 지나면 우중충해진 화분이 식물과 어울리기도 해.

나무 화분은 자연미가 있어 식물과 어울리는 재질이긴 하지. 조심해야 할 건 물을 머금은 나무의 결합부나 구석진 곳에 곰팡이가 생겨 과습 상태에선 식물에 치명적이지. 물을 주는 간격을 길게 잡아 바싹 말린 후 물 주는 게 좋아. 겉보기엔 좋으나 별로 추천하고 싶지 않은 재질이야.

플라스틱 화분은 값싸다는 장점이 있지만, 그냥 사용하면 겉멋도 없고 통기성이 없어 식물에 안 좋아. 뿌리와 흙이 숨을 못

쉬니 늘 젖어있고 뿌리에 무름병이 창궐하니 조심해야 해. 그러나 조금만 요령을 터득하고 잘 관리한다면 난 플라스틱 화분이 최고의 재질이라고 생각해. 뾰족한 송곳이나 드라이버를 불에 달궈 화분의 측면 여러 곳에 구멍을 뚫어 사용하면 통기성 좋은 최고의 화분으로 변하지. 겉모습은 뻣뻣하고 생명감 떨어지고 못생겼지만, 구멍 뚫은 플라스틱 화분에서 성장기를 충분히 보내고, 크면 예쁜 도자기 화분으로 옮기면 되겠지.

아, 그리고 말이야, 발 달린 도자기 화분이 아니라면 모든 화분의 아래쪽엔 나무젓가락이나 각목으로 양쪽을 받쳐주도록 해. 아랫도리에 바람 솔솔 불게 말이야. 과습으로 인한 부작용을 없애는 가장 좋은 방법이지.

참, 뜬금없이 왜 엘프 통신이냐고? 나 식물의 요정 뚱땡이 엘프야…^^

살짝 흐린 날

장독대를 차지하고 있던 빈 항아리 몇 개 치우고 얼라들을 놓았더니 따끔따끔하고 좋다며 방글방글 웃는다. 종일 햇살 드는 계단엔 아마릴리스가 활짝 피었고, 사춘기에 접어든 페페는 꽃대를 잘라주었더니 힘이 넘치는지 더 많은 꽃대가 치솟는다.

뚱뚱한 이파리 물든 얼라들 보니 마음도 빵빵해진다. 바람 적당하고 살짝 흐린 날, 비가 좀 오면 좋겠다 싶은 아침.

안부

그는 나에게
안부를 전해달라 했지만
그것이 질척한 대지에 뿌리내리고 사는
우람한 나무의 평화인지
부대끼며 겨우 지탱하고 선
한해살이풀의 결핍과 그 초라함인지
도무지 알 수가 없어 나는
안부를 전하지 않았다

난 네가 그의 손을 잡고 그의 눈을 응시하며 "어때, 아직 살아갈 힘은 남아 있는 거지?"라고 묻거나, "힘들면 내 손을 잡아, 내가 조금은 힘이 될게."라고 말할 줄 아는 사람이면 좋겠어. 나도 네게 그리할게. 그래서 우리가 안부를 물을 땐 눈곱만큼이라도 서로를 향해 희망을 만들어내는 마음이면 좋겠어.

찌찌

주말에 사위랑 딸아이가 부산 온다고 해서, 이발하고 목욕탕 가려고 입었던 옷 벗어 세탁기에 집어넣는데, 아내가 큰 소리로 불렀다.

"오빠, 이것도 좀 넣어 돌려줘요."

홀라당 벗은 채 우당탕 내려가니 헉! 둘 다 홀랑 벗...@"@;;

"니 염치없이 오빠 앞에서 막 벗을 끼가?"

"우왕! 오빠야, 벽에 붙은 통통한 찌찌가 귀여워, 호호호~"

"응? 찌찌?!"

이런...ㅠㅠ

나의 시는 무덤이다

지독한 가난과 체제의 희롱을 견디며 여태 처자식 건사하며 잘도 살아왔다. 부산항을 내려다보는 언덕배기 딱지집 골목을 내달리며 꿈꾸었던 유년기의 기억들, 사라호 태풍에 지붕이 날아가 누워서 바라본 파란 하늘, 어머니의 비명과 장독 깨지는 소리, '황금박쥐'를 백 번도 넘게 부르며 아버지 술심부름을 했던, 그 두려웠던 밤의 골목과 바람에 날리는 가마니 변소 문, 제 날에 150원 기성회비를 내지 못해 야만의 교실에서 쫓겨나 종일 동명목재 뗏목을 타고 꼬시래기 낚던 소년, 외로움에 떨던 온몸의 세포, 그 성장기의 짙은 그늘과 귀갓길의 눈물은 참혹했다.

내 기억이 아무리 슬프다 할지라도, 아무나 따먹어도 괜찮았던 깻잎이며 상추 옥수수가 지천으로 늘렸던 공동체 '살이'의 명암이 뇌리에 온전히 남아있으니, 이를 문학적 축복이라면 지나친 역설일까. 이젠 기대어 울 언덕 하나 없이, 찾는 이 아무도 없는 오솔길에 떨어져 뒹구는 누르뎅뎅한 땡감 신세가 되었으니 이 어찌 슬프지 아니한가.

80년 벽두에 광주를 만나며 난 절로 거리의 투사가 되었지만, 지금껏 뿌리 깊은 토호세력, 준동하는 권력과 자본의 악마성에 진저릴 치면서도 근근이 버티며 여태 살아남았다. 사상공단 입구 허름한 철공소 이 층에 만든 작은 보육원, 일당 만 원짜리 삶을 붙들기 위해 정성으로 보살폈던 노동자의 아이들을 통해 시원(始原)을 알 수 없는 생명감각을 배우고, 아이들이 떠난 작은 책걸상에 둘러앉아 꾸벅꾸벅 졸며 '인간의 역사', '소외된 삶의 뿌리를 찾아서'를 탐독했던 스텐 공장 경숙이, 미선이, 염산 냄새에 찌든, 그 가냘픈 동생들의 만성두통이 슬펐고, 종일 깔창 붙이느라 본드에 취한 효정이의 치열한 일상과 피곤함이 얼마나 아득했던가.

사상공단의 가투를 이끌었던 비합법 동지들 중에는 이제 중늙은이가 되어 멀건 비탈길 버티고 섰거나, 홍길동처럼 보였다 숨었다, 뭘 하는가 싶어 들여다보면 언제 그랬냐는 듯 음지와 양지를 무시로 오가더니 결국 반동에 기웃거리던 몇 얼굴, 거리에서 만나 동지들의 축복 속에 결혼한 후 병원을 내 집처럼 드나들었던 아내의 지독한 투병 기록과 그 진물 줄줄 흐르는 심연의 기억들은 여전히 시와 현실의 삶을 삼투(滲透)하고 있다. 그 피곤한 노동과 미칠 듯한 연민과 투쟁의 공간에서 어쩌면 나의 시는 숙명처럼 시작되었다.

'애국', '애족'을 빙자한 친일 문인의 글이 범람하고, 대책 없이 세상에 던져져 눈치껏 살아가는 방법과 처세를 익히지 않으면 살아남을 수 없었던, 그 만성신경증에 시달리던 시절을 돌이켜보면, 내 삶의 자잘한 기쁨이란 게 마치 그 악다구니판의 책갈피 같은 것이었음을 이제야 깨닫는다.

권력과 인간의 궤적에 대한 논쟁이 끊임없었음에도 여전히 민중을 조롱하고 흔드는 자본의 정밀한 탄착점, 그곳은 인간을 더 파편화하고 물화하는 지점이었다. 보편적인 민주주의와 복지는 판타지처럼 차고 넘치나 평등과 실천은 극소화된 사회, 무한경쟁과 입신출세가 유일한 가치가 되어 권력은 권력대로, 자본은 자본대로, 개인은 개인대로 8; 2, 혹은 9; 1로 철저히 나눠어 노동과 생명을 조롱하는 이 참혹함에 맞서는 일에 리얼리스트가 되는 일 말고 또 뭐가 있을까.

새카맣게 타죽을 각오로 태양에 프러그를 꽂는 창의, 자신을 도리는 시대의 낫날에도 서늘한 향내 기어코 묻히고 마는 향나무처럼, 불굴의 의지로 맞서는 리얼리스트가 되지 않고서야 어찌 하루하루 온전히 견뎌낼 수 있을까.

유미(唯美)적 민족주의로부터 결국 파시즘에 동의체계를 이룬 서정주의 미학을 생각한다. 세상의 변화를 향한 삶의 치열함보다 언어의 응축 서사가 만연하고 탈이념의 사조로 포장된, 노동과 생명에 대한 지독한 왜곡과 부르주아자유주의가 전방위로 살포되고 있다.

벌겋게 삶을 달군 경험이 없는 젊은 시인은 서사의 결핍에 시달리다 걸핏하면 사랑이니 행복이니, 김밥 옆구리 터지는 소릴 남발하지만, 고열로 늘어진 아기 부둥켜안고 펑펑 울며 병원으로 내달리거나, 대출 이자 갚느라 달력에 빨간 동그라미 치며 인세 백만 원에 눈물로 옷깃을 적시거나, 종일반에 아이 맡기고 돈 벌러 다니다 불친절하다고 모가지 되기도 하면서 서서히 시의 얼개는 쌀로, 이유식으로, 두부와 고등어로 전이되거나 체제에 맞장 뜨는 문학적 유전자를 온몸으로 흡수하기도 한다.

본디 삶과 문학은 매 순간 고난을 체화하며 견고하게 축성되는 것이다. 활자들이 퍼들퍼들 살아 행간을 기어 나오는, 서슬퍼런 사유로 몸과 마음을 끓이지 않으면 말짱 도루묵이다.

무시로 세상 뒤집는 꿈꾸며 자기치유까지 완수해야 하는 지금, 시선을 바닥에 두지 못하고 풍성한 나무 그늘에서 느긋하게 고난을 관조하는 문학이야말로 시세차익을 노리는 브로커와 다르지 않다.

'세상은 변하고 있는가?' 자문자답하며, 무언가 시의 화두 하나 품고 살려고 아무리 쥐어짜도 이게 대체 지옥인지 감옥인지 분간할 수가 없다. 이태리 사회주의자 네그리는 삶을 의미 있는 것으로 만들지 않으면 즉시 감옥이라 했건만, 체제가 만든 이 강고한 창살을 문학인들 뛰쳐나올 수 있을까. 보잘것없는 파편을 공유하며 끼리끼리 웃고 떠들다 금세 만들어지는, 이 허술하기 짝이 없는 삶과 문학의 연대는 또 얼마나 느슨한가!

나의 시가 만나는 세상은 헤아릴 수 없는 재앙이며 늪이다. 야만의 세계, 담합의 명수들이 눈곱만큼씩 기득권을 쥔 채 유유상종하며 지천으로 암약하고 있으니, 리얼리스트가 발을 딛고 살 자리는 바로 무덤 아니겠는가, 무덤.

빵꾸

타이어 교체 시기가 되어 집 주변의 T 뱅크와 H 직영점에 들렀다. 30대 초반으로 보이는 T 뱅크 기사님 왈 "금호에서 최근 나오신 건데 요즘 제일 잘 나가시고 성능 좋으신 타이어입니다."

"기사님, 무생물인 타이어에 존댓말을 쓰면 안 됩니다."

"아, 고객님 듣기 좋으시라고 쓰는 겁니다."

"난 오히려 불편해요."

대상을 가리지 않고 쓰는 존댓말, 모다 회전은 지나치게 빠르고 출력은 유들유들한 그의 얼굴을 한 번 쳐다보고는 내키지 않아 그냥 나왔다. 곧바로 가까운 H 직영점으로 갔다.

"손님, 일반용과 고급용이 있는데 일반용 타이어로 바꾸시는 게 무난하겠습니다."

필요한 말만 또박또박하는 기사님, 그 표정의 진정성에 두말없이 차를 맡기고 휴게실로 들어갔다. 작업 후 영수증을 건네받고 기사님 눈을 바라보며 잠시 모다를 돌렸다.

"기사님을 보고 한눈에 정직한 기운을 받았습니다. 아마도 기사님은 어디에서도 인정받을 만큼 멋진 분이라고 생각해요."

환하게 기쁜 표정 짓는 기사님을 향해 차에 오르며 말했다.

"기사님, 타이어 빵꾸날 때 만나요!"

허허, 이제 타이어 단골집 생겼다...^^

흡입장애

임플란트 사전 치료는 거의 견딜 만했는데, 오늘 옥수수 본뜨는 작업은 꽤 고통스러웠다. 침은 연신 꼴깍꼴깍 넘어가건만, 알 수 없는 기구들은 입에 한가득, 코를 찌르는 약 냄새까지...ㅠㅠ

웬만한 국자는 한입에 넣을 정도로 주디 큰 내게 "선생님, 입을 더 크게 벌려주세요."라고 자꾸 주문하는데 드러누워 아주 미치는 줄 알았다. 치료 다 마치고 병원을 나와 강변도로를 달리는데 완전 해방된 기분이었다.

아, 몸은 점점 가벼워지고, 산해진미가 있어도 꼴랑 어금니 하나로 깨작여야 하는 이 흡입 장애는 언제나 끝날까...ㅠㅠ

니기미 칙칙폭폭

짧은 글이고 긴 글이고, 읽을 땐 내용의 핵심을 파악하는 게 중요하다. 아프리카의 전통을 얘기하는데 소말리아 해적을 들먹인다거나, 미국의 패권적 지위를 말하는데 맨해튼의 추억을 읊조리거나, 조현병과 범죄를 말하는데 딸아이의 소심한 성격을 얘기하는 뜬금없는 댓글에, 중추신경을 타고 증기기관차 내달리는 소리가 난다. 니기미 칙칙폭폭~ 니기미 칙칙폭폭~

본문의 전체 의미보다 눈에 들어온 낱말에 꽂히거나, 달은 보지 않고 가리키는 손가락 얘길 중구난방으로 던지는 것, 어째 글 좀 마음 써서 읽으면 안 될까.

씨줄 날줄이 폭포처럼 쏟아지는 타임라인의 특성 탓인지, 누군가 고단한 생애를 마치고 돌아가셨다 해도 한 손으론 통닭 뜯으며 '삼가 고인의 명복을 빕니다.'라고 할 수 있는 이 허무맹랑함이여!

느닷없는 댓글을 만나도 따지고 싶은 마음이 들지 않는 건 공연히 심지 돋워 봐야 얼굴도 눈빛도 한 번 본 적 없는 사람인지라 무슨 의미가 있을까 싶기 때문이다.

1. '좀 짱인 듯'
2. '그런대로 잘 읽었어요.'
3. '눈곱만큼 공감해요.'
4. '쩝, 별로네요.'
5. '님 좀 아닌 듯'

6. '잘 좀 해라, 씨바!'

7. '이런, 니기미!'

이런 버튼이 본문과 댓글 아래쪽에 있으면 좋겠다. 아마도 엉뚱한 댓글은 눈에 띄게 줄어들 것이다.

동네 자랑

밤새 글 쓰고 수정하고 편집하고 저장하고, 모든 집중을 끝냈다. 치즈처럼 쭉 늘어지는 의식으로 잠시 페북을 둘러보는 일은 내겐 휴식이다. 먹는 일은 더...^^

시민공원 맞은편 아파트 공사장에선 아침 여섯 시가 넘자 소음을 일으키기 시작한다. 마안노무 손들, 이래 일찍 시끄러워도 되능 기가? 공사장 바로 옆에 사는 사람들, 저 건물 다 올라갈 때까지 시끄러워 힘들겠네.

난 이 동네에서 꼬박 18년을 살았는데 아무리 생각해도 살기 좋은 동네다. 전형적인 민중주거 형 마을이랄까, 뭐 그런...^^

우리 동네에서 난 화분 아저씨로 통한다. 창마다 화분이 줄지어 늘어서 있고 계단에도 와글와글하니 지나는 사람들마다 쳐다본다. 여름엔 반바지 비스무리한 트렁크 빤쮸만 걸치고도, 겨울엔 하늘색 극세사 잠옷만 입고 집 앞 슈퍼에 드나든다. 집에 오는 우편물이나 택배를 대신 받아 챙겨주시는 슈퍼 주인장 할배랑 친하게 지내며 서로 부담 없는 탓이다.

집과 7m 거리에 할인율 만만찮은(삼다수 500원) 할배 슈퍼, 20m 거리에 마을공원(토요일엔 공짜로 국수 양껏 먹을 수 있음)과 놀이터, 30m 거리에 목욕탕(6.000원)과 미장원(컷 5.000원), 50m 좌우로 철물점, LG편의점(삼다수 900원), 국수전문식당(물국수 4.000원), 할매 부식가게, 80m 좌우로 배달전문식당과 한식뷔페(6.000원) 돼지국밥집(수백 8.000원)과정육점, 100m 좌우로 제과점과 할배 치즈케이크 전문점, 문방구, 세탁소(바지, 셔츠 2.500원), 복덕방, 과일집, 신협, 배관 설비, 삼겹살집이 있고, 300m 좌우로 시민공원, 농협 마트, 부산은행, 곰탕전문점, 그리고 우리 가족이 다니는 성당이 있다.

아침 7시 30분에서 50분 사이에 재첩국 할매와 계란 아저씨가 비가 오나 눈이 오나 집 앞을 지나며, 오후 2시~2시 30분엔 채소 아저씨와 과일 아저씨가 지난다. 모두 아내의 보행장애를 아는 분들이라 미리 전화로 주문하면 봉지에 챙겨들고 주방까지 갖다주며, 폐지 수거 할배도 전화하면 집으로 바로 오신다.

이 동네 살면서 단 한 번도 동네 사람들과 싸운 적 없고, '문재인 빨갱이'니 '민족의 어머니 박근혜'니 하며 무시로 카톡 보내는 할배(비정규직 청소 노동자)와도 가끔 슈퍼 평상에 앉아 막걸리를 마시거나, 목욕탕서 만나면 서로 등 밀어주고 안부를 묻는 사이로 지낸다. 가난한 동네여도 정붙이고 살다 보니 오가는 사람들 모두 익숙하다. 아무튼, 아침 햇살에 취해 시작한 뜬금없는 동네 자랑은 이만 끄읕~!

아, 우리 집 놀러 오면 무조건 한식뷔페 공짜, 우리 동네 이사 오면 매일 공짜로 뽀뽀 방문 서비스도 가능하다. 끔찍할랑가...^^

뚱혁당 신년사

한국뚱땡이혁명당(뚱혁당)과 한국뚱땡이시인동맹(뚱시맹)은 피비린내 나는 투쟁으로 쟁취한 '콜레스테롤 헤게모니'를 움켜쥐고, 새해 무수한 골반주의자들의 선동과 무자비하게 맞설 것이며, 특히 겉멋 든 와라바시류가 작당해 만든 세상의 온갖 문학상을 손톱 새 낀 때나 양아치 목에 건 진주목걸이처럼 가벼이 여기고 비웃을 것이다.

우리는 그것이 '인간을 기름칠이 필요한 기계로 전락시키는 지배계급의 도구'이며, 그 따위 상 없이, 벌 없이도 올곧게 비만의 길을 갈 것임을 공공연하게 선포하고, 세계 유일의 급진 뚱땡이당 건설을 목표로 치열하게 투쟁해나갈 것이다.

새해, 굵고 두껍고 무겁고 큰 건 무조건 사랑할 것이며, 가늘고 가벼운 것들은 가차없이 처단할 것이다. 먹을 수 있는 건 닥치는 대로 먹으며 중부지방을 기쁜 마음으로 팽창시킬 것이며, 융기와 확대의 전통을 확고히 할 것이다. 걸핏하면 다이어트 헬스 운운하는 가끼목, 와라바시류의 노골적인 반비만 음모들을 철저히 깨부술 것이며, 복부의 혁명성을 보위하고 지치지 않는 흡입 투쟁을 실천의 절대 과제로 삼을 것이다.

'나는 뚱땡이다!', '폭풍 흡입!'을 외치는 저 붉은 선언을 가슴에 품고, 여성 30, 남성 40인치 이상의 혁명적 굵기를 기준으로, 승리의 그 날까지 총진군할 것이다.

밤! 참! 필! 수! 뚱뚱!!

질문: 다음 중 마음에 드는 책 제목은 무엇인가요?

1. 뚱혁당 만세!
2. 반비만의 음모와 투쟁
3. 나는 뚱땡이다!
4. 뚱땡이들의 사상투쟁
5. 와라바시의 선동에 맞서라!
6. 밤참 필수!
7. 콜레스테롤 헤게모니
8. 굵은 만큼 더 사랑하기

응달 포수

밀양서 고속도로로 내려오는 중에 아내가 물었다.

"백양터널, 동서고가도로 어디로 갈 거예요?"

"백양."

"오빤 백양을 좋아하네."

"아니, 난 박 양을 좋아해, 김 양과 황 양은 싫어."

"잉? 먹을 게 떨어지니 고속도로 달리면서 모다를?!“

"수제비 두 그릇이 벌써 소화되었나, 배고파.“

집에 들어오자마자 납작만두 두 봉지 바로 자글자글...^^

그나저나 밀양~부산의 거리는 60km 내외. 밀양은 1도인데 부산은 8도다. 오늘 밀양서 응달 포수 조 떨드시 떨었...ㅠㅠ

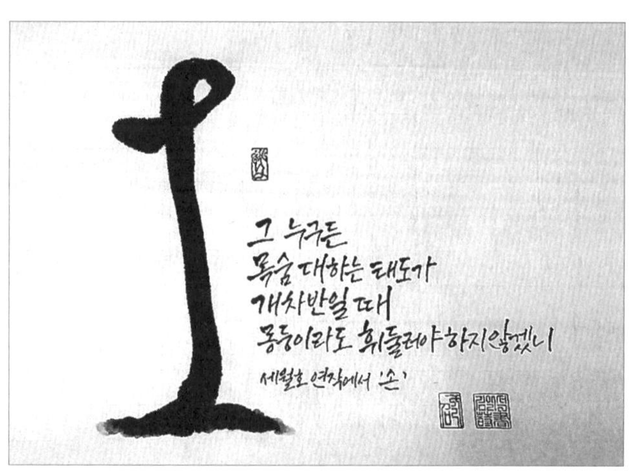

서울 나들이

비록 불광동 혁신파크 뚱땡이, 영등포 코피 뚱땡이, 가락동 배추 뚱땡이, 종로 이시다이파 뚱땡이들은 당수의 상경을 씹었지만, 대신 가늘고 사랑스러운 미남 미녀가 불광동으로 마중 나와 내 마음은 한결 유순하고 말랑말랑해졌다. 멀리 살아도 늘 서로를 위로하고 격려하는 가느다란 인종의 후배들, 오랜만에 만나 샤브샤브에 술까지 배불리 먹고, 자리를 옮겨가며 폭발 수다로 허공에 둥둥 떠다니는 공감과 유대의 공기를 양껏 호흡했다…^^

밤늦은 시간, 동생을 호출해 모처럼 술 마시며 꼭두새벽까지 2차 수다, 동생 집에서 자고 오려다 주일미사가 마음에 걸려 동생이 끊어준 특실 칸에 편히 앉아 햄버그랑 콜라 따위를 흡입하며 첫 기차로 내려오니, 맙소사! 부산엔 아직 해도 안 떴다.

뉘를 고르며

몇 번 씻은 쌀과 현미
체 흔들며 뉘를 고르니
왜그르르
졸망한 노림수
곰삭은 노추(老醜)
망명과 귀순도 다 빠졌다

체에 남은 건
쟁여진 믿음과
죽어야 자릴 옮기는 나무의
누르고 산 결기뿐

누군 '범 민주' 운운하지만, 나는 더 섬세하고 적확한 '갈라침'과 '드러냄'을 통한 광폭 저변의 '범 노동'을 주장한다. 그 '범 노동'의 지점은 먹고 사는데 걱정 없는 자들이 쓰고 남는 것 툭툭 던지며 경계를 모호하게 만드는 자선의 지점이 아니라, 저 바닥의 토사물과 기름 냄새에 온몸 찌들어본, 흔들리는 영혼들의 '불온한 대동단결'의 지점이다.

예의의 결핍

선생님과 감천문화마을을 얘기하다가 성장기 엄마와의 추억을 두런두런 얘기 나누던 중, 이율곡이 생각나지 않은 선생님께서 외치셨다. "그, 누구지? 엄마가 여자인 사람?"이라고 하셨고 난 반사적으로 "이율곡!"이라고 답했다. 순간, 웃다가 바닥에 쓰러져 눈물이 나도록 웃었다. "그… 그, 엄마가 여자인 사람!" 지금도 그 장면을 생각하면 우습다.

잡지사에 보낼 시로 선택해 다시 읽는다. 전쟁 중 피난민들과 종교인촌으로 형성된 감천문화마을은 체제의, 인간에 대한 예의의 결핍을 적나라하게 보여주는 곳이다.

감천문화마을 소고

쥐포와 핫도그 양손에 들고 좁은 골목 떼 지어 걷던 아이들 중 한 아이가 소리쳤다

"선생님, 이런 집에도 사람이 살아요?"

인솔 교사는 아무렇지 않게 대답했다

"너희도 공부 열심히 안 하면 이런 집에 살게 돼."

두 사람의 입을 뛰쳐나온 언어는 미닫이 유리문 안 밤일 마치고 들어와 잠 덜 깬 일용직 막벌이꾼의 신경계를 긁었다

"씨발, 저것들 땜에 딸딸이도 못 치겠네!"

널브러진 방구석 동여맨 보따리마다 숨죽이던 가난과 혐오가 헐떡

이며 삐져나왔고, 기색혼절하여 녹슨 수도꼭지 틀어 잔을 대니 나오라는 물은 안 나오고 얄궂은 산동네 수압은 비애가 되어 한 방울씩 뚝뚝 떨어졌다

그는 속옷 차림으로 벌떡 일어나 저 앞에 굴러가는 돌대가리들을 향해 욕을 퍼부었다

"야이 씨발 것들아, 잠 좀 자자!"

뜬금없이 각성하여 내지르고 나면 만날 허물어져 굴욕을 주체하지 못해 어른이고 애고 보이는 대로 짱돌로 뒤통수 갈기고 싶어 한다

도시 변두리 질펀한 형극의 생애를 주인 허락도 없이 한갓 볼거리로 만든 관료의 눈

공명에 시선이 꽂혀 야비한 체제의 물살 거스르지 않고 눈먼 돈 한 움큼 만져보려고 버둥대는 사이비 예술가가 "잠 좀 자잔 말이다!"라고 실룩거리는 도시빈민의 일상을 알 턱이 없는 일

빛의 집?

암흑의 방?

하늘 마루?

평화의 집?

북 카페?

울긋불긋한 우리에 갇혀 졸지에 피사체가 되니

참말로 지랄도 가지가지 하세요다

니들 새끼나 마누라

허름한 새시 문 한 장으로 가두고

얌생이 달구새끼 보듯 하면

제명대로 살겠어?

대체 뭐가 하늘이고 평화란 말이냐?

에어쇼

뜬금없는 제트기의 굉음, 시청의 안전 안내 문자. "한. 아세안 특별 정상회의 환영 에어쇼 준비로 15시 30분부터 16시 20분까지 항공소음이 예상되오니 안전에 유의 바랍니다."

니기미, 그냥 회의하면 되지, 특별은 뭐고 에어쇼는 뭐냐?

생계를 비관한 일가족 자살 소식, 대법원 판결을 무시하는 도로공사와 국가 권력을 향해 바닥을 기는 톨게이트 수납 노동자와 종교인들의 오체투지, 강남역 CCTV 철탑 위 한 해고노동자가 몇 달째 소리쳐도 본체만체 끄떡도 하지 않는, 공공부문의 참으로 특별한 여유로움에서 넘실대는 쇠락의 기운을 감지한다. 낙엽이 떨어지면 추억이라도 남지, 이건 도무지...ㅠㅠ

연일 지천으로 대규모 행사와 축제가 진행 중인 나라, 그러나 민중의 안위와 사회의 가치를 어느 누구도 나서서 묻거나 챙기지 않는 나라, 직무유기의 권력이 생산하는 질리는 시절, 질리는 나날들이여!

셀프 존칭

차 뒤에 태극기 달고 다니는 옆집 영감님은 가끔 집 앞에 차를 댄다. 그 영감님, 주차해둘 땐 뗐다가 운전석에 오를 때마다 큼직하게 프린트해서 코팅한 '어르신 운전 중'이란 팻말을 뒷유리에 부착하고 외출한다. 얼추 나보다 몇 살 정도 더 많을까 싶은, 그 할배의 셀프 존칭을 볼 때마다 살 물러진 북태평양 연어 한 마리의 지랄용천을 보는 느낌이다. 차에 매단 태극기 탓일까.

SNS에 이름 대신 '0 감독', '00 시인', '0 작가', '00 선생'이라고 쓰는 사람이 있다. 이름 뒤에 '님'만 붙이면 절로 감독님, 시인님, 작가님, 선생님이라고 부를 수밖에 없는, 몹시 작위적인 이름들이다. 요즘 '0 작가'와 '00 선생'은 내 포스팅에 자주 '좋아요'를 누르는데, 그들이 본명을 쓸 때까지 난 그 흔한 '좋아요' 한 번 안 누르고, 그렇다고 끊지도 않고, 마냥 지루하게 꾸역꾸역 지켜보는 중이다...^^

전갱이 새끼

모처럼 낚시 다녀와 전갱이 새끼를 매일 구워먹는다. 끼니마다 같은 어종이니 좋아하는 생선도 슬슬 싫증난다.

"오빠, 우리가 생계형 어민도 아닌데 이 쥐 꼬랑지 같은 생선 계속 먹어야 해요?"

"고생해서 잡아 온 건데 다 먹을 때까지 맛나게 먹어야지, 왜 그래?"

"낚시를 갔으면 이런 싸구려 전갱이 새끼들 말고 돔을 잡아 와야죠, 먹는 맛도 별로고 온 집안에 비린내만 풍기고..."

"무슨 소리, 옛날부터 전갱이 고등어는 우리 입맛에 딱 맞는 가장 민중적인 물고기거든."

"오빠, 그럼 바다에 가서 살집 두텁고 비린내도 안 나는 부르주아 물고기를 생포해오라고요."

"아니, 무슨 혁명기도 아니고..."

소는 누가 키우노?

일상의 이야기를 쓰는 교사이자 작가가 있다. 가끔 명언을 소개하기도 하고, 아이들 얘기나 학부모, 교육정책 관련해서도 쓰지만, 열에 아홉은 일상의 소소한 사건을 바라보는 자기 시선을 쓴다. 평이한 어투로 꾸준하게 쓰는 사람인데, 지나치게 교훈적이어서 난 그의 글을 읽긴 하지만, 어떤 반응도 하지 않았다. 그가 쓰는 이야기란 게 기실 일상의 모습을 빙자한 자신의 가부장적인 주장 같아서, 난 기질적으로 그런 글도, 작가도 싫어한다. 그는 현실의 정치를 싸잡아 비판하지만, 시종일관 대중을 훈육하려 든다. 혹 교사의 직업병 같은 게 아닐까 싶은.

살 냄새, 피 냄새가 사라진 글, 욕망과 절망을 꼭꼭 숨긴 글, 좌우 경계를 자유롭게 오가다 중립적인 태도로 적당히 마무리하는 글, 그래서 더욱 찌라시 같은 느낌을 주는 글.

그의 글에는 지독한 사랑의 상처, 절실한 믿음과 환희, 인간 본성을 향한 집착도, 트라우마도, 기도도 없고, 그렇다고 민중을 향한 헌신과 투쟁도, 치열한 자기 노동도 봉사도 없다. 그저 물에 물 탄 듯 술에 술 탄 듯, 절충의 언어와 모범답안 같은 서술에 환호하는 일군의 댓글러들을 향해 엊그제 그는, 자신을 어떤 정당도 어떤 정치인도 지지해본 적 없는 자유인이라고 했다. 쁘띠부르주아지 특유의, 전형적인 부초의 고백으로 읽었다.

뿌리는 누가 하고, 소는 누가 키우노?

서면 뒷골목

몇 년간 인문학 수업에 참여하셨던 쪽방 영감님, 환골탈태의 정신으로 매진해 드디어 고등학교를 졸업하신다.

화려한 내 나와바리 서면 뒷골목, 작렬하는 네온사인이 불야성을 이루는 곳으로 모시고 갔다. 천우장 뒤 마리포사 골목의 주차장 입구, 내가 아끼는 뚱땡이 똘마니들, 꺽지, 코피, 영광파 얼라들 전화로 불러 한 줄로 도열케 해 "형님, 나오셨습니까?" 복창하는 진풍경을 보시게 하고 싶었지만 참았다...^^

목 뒤 쪼삣하게 튀어나온 용꼬리와, 적기 뱃머리 보세창고 앞에서 하리마오파 얼라들과 달밤에 뜬, 전설의 17:1 맞짱 때 먹은 칼자국을 애써 셔츠 깃으로 감추고 천천히 걸었다.

넓은 홀에 손님 하나 없는 감자탕 집 발견, 점잖게 소주 한잔 가볍게 찌끄린 후 모셔다드리고 헤어졌다.

착한 행동

쪽방 영감님 모니터가 고장 나 숙제하는 일에 곤란을 겪는다 해서 모니터 하나 준비해, 가는 길에 갖다 드릴 물건들 이것저것 챙기고 있는데, 아내가 대형 쇼핑 바구니를 들고 오더니 주방에서 주섬주섬 뭘 꺼내기 시작했다. 만두, 갓김치, 다시마, 커피, 김, 포도주스, 곰탕, 고구마, 양파즙, 김장김치 등을 일일이 용기에 담더니 영감님 갖다 드리라고 했다.

"당신 지금 나한테 차일지 몰라 불안해서 억지로 착한 행동하는 거지? "

"오빠, 지난 미사 때 삶은 맑은 공기와 같은 거라는 신부님 말씀 기억 안 나요? 지난주 고해소에서 고백해놓고 왜 그래요?"

난 살짝 머쓱해 아내의 배를 꼬집으며 말했다.

"맞네. 뚱뚱한 당신이 오늘따라 임청하보다 예뻐."라며 애교를 부렸더니 이내는 아들을 불렀다.

"아빠가 엄마 뚱뚱하다고 놀려."

"엄마가 뚱뚱하다고요? 아빠, 거울 보시고 자신의 모습을 직시해주세요. 중부지방은 기형적인 참복에다 남부지방은......"

"맞아, 바다에 가봤자 맨날 꽝치고 돌아온 아빠를 정확히 분석하고 있네. 깔깔깔."

두 모다의 협공이 버겁다. 낚시 갔다가 빈손으로 오는 건 꽝친 게 아니라 다 먹고 오는 건데...@"@;;

자본주의

소액 암보험 하나 들까 싶어 보험사에 문의했더니 조회 결과 '가입 불가' 연락이 왔다. 동시에 그간 납입해온 실비보험 월 납입금이 또 오를 거라는 통보를 받았다. 진정 보험스럽고 부담스러운 놈들!

나일 먹으니 저놈들은 눈곱만큼도 손해 볼 수 없다며 악착같이 따지고 챙겨 받는다. 대사 장애로 약 먹은 지 10년, 별 혜택도 보질 못하고 납입금만 꾸역꾸역 오르니 식물의 성장보다 보험료 인상이 더 빠른 듯. 엉성시럽고 지긋지긋한 자본주의!

바자회

성당에서 바자회가 열렸다. 우리 부부는 미리 사둔 티켓으로 현미, 프라이팬, 김밥, 가래떡, 들깨, 백김치를 샀다.

북새통을 이룬 행운권 추첨 시간, 곳곳에서 손뼉과 탄성이 터졌고, 소품에서 김치냉장고까지 다양한 선물이 골고루 돌아갔는데, 우리 부부는 올 꽝이었다. 당첨 확률 30%가 넘는, 끝 번호 세 개 중 하나만 맞아도 되는 봉다리 커피조차 걸리지 않았다. 추첨이 끝나자 아스라이 주님 말씀이 들리는 듯했다.

"오, 안타까운 당뇨 뚱땡아, 뚱뚱한 기 머리까지 벗겨져서야 하겠느냐? 커피는 무설탕 아이스아메리카노로 네가 벌어 사 먹도록 해라."...@"@;;

부산 대표 좆

며칠 전 친구들이랑 맥주 한잔할 때의 일이다. 나 포함해 친구 넷, 친구가 데리고 온 친구까지 모두 다섯 명. 친구가 데리고 온 사람은 제주도가 고향이라는데, 체격이 작고 말수가 적으나 뜬금없이 아재 개그를 툭툭 던지는 독특한 캐릭터였다.

술잔 기울이며 연신 웃고 떠드는 중 한 친구가 "제주도에서 난 사람은 평균 키가 작고 꼬추도 작다 하던데 정말 그래요?." 라고 장난스럽게 말했다. 그 말에 모두 웃었는데, 그 사람은 벌겋게 달아오르더니 갑자기 탁자를 손으로 쓸며 벌떡 일어나 고함쳤다.

"나에게 제주도를 능멸하는 발언을 하다니, 제주도 사람들 키 안 작고 꼬추도 안 작거든!"

탁자 위 술병과 내가 좋아하는 마요네즈 두른 안주가 바닥에 떨어져 깨어지고 뒹굴며 졸지에 아수라장이 되었다. 친구 따라온 그의 불뚝 성질에, 한 '욱~'하는 친구와 육탄전으로 번지려는 걸 가까스로 막아서서 자리에 앉히곤, 난 중저음의 또렷한 목소리로 모다 시동을 걸었다.

"60대 중반을 향해 가는 사람들이 사소한 농담 한마디에 이리 감정을 통제하지 못해서야 되겠나?"로 시작해 일장 연설을 했다. 그리고 제주도가 고향이라는 그 사람에게 말했다.

"당신이 제주도를 대표하는 존재도 아닌데, 웃자고 한 농담에 그냥 웃고 넘어가면 오죽 좋아요? 왜 그리 흥분해요? 그리고 제주시, 서귀포, 성산 일출봉, 여미지식물원, 정방폭포에 있던 사람들 다 홀딱 벗겨 일일이 꼬추 크기와 둘레 재봤어요? 아니면 앞집 뒷집 옆집 꼬추나 도지사 놈 꼬추 데이터라도 있으면 나한테 줘 봐요. 이리 술상을 엎으면서까지 제주도 꼬추가 작지 않다고 주장하는 댁은 제주도 대표 꼬추 자격으로 이 자리에 왔소? 아까 안 작다고 외치던데, 댁 꼬추는 멜론이나 호박만 한다거나, 아니면 그보다 더 크다는 분노 같은 거요?"

그런 상황에서 정밀하게 회전하는 내 모다 성능에 그는 잠시 놀란 듯 멈칫거리는 기색이 역력했다. 그 순간, 난 학급 반장처럼, 유유히 헤엄치는 물고기처럼, 여느 사이비 교주처럼, 급히 좌중을 추스르며 그의 어깨를 툭툭 치며 다정스럽게 말했다.

"나에게 부산 사람은 모타리도 작고 꼬추가 좆만 하다고 해봐요, 그러면 난 '내가 부산 대표 좆도 아니고 평균 좆도 아니라서 잘 모르겠습니다.'라고 할 거 같은데, 어때요?"

짧은 탄식과 함께 날 바라보며, 한 친구가 입 앞에 한 손을 대고 엄지 검지를 붙였다 뗐다 바르르 떨며 속삭였다.

"저 놀라운 돼지 주디!"...@"@;;

* 모타리 / 토막, 덩어리의 사투리.

* 주디 / 입, 주둥이의 사투리

그럴듯한 거 말고

한 번 마음 썼으면 꾸준하게 노력하면 돼. 좀 비틀거린다고 도망가고 슬프다고 튀고, 좀 모자란다고 잡았던 손 놓고 뒤통수치지 마. 걸핏하면 옳은 말만 하더니 좀 안 맞다고 여기저기 들쑤시기만 해서야 되겠어? 뭐 하나 끝까지 완수하고 책임져 본 적 없으면서 매사 그리 질척여서야 하겠냐고?

안 맞으면 맞추려고 노력하고, 부족하면 만들려고 하고, 간절하면 집중이라도 하고, 그래도 안 되면 기도라도 해야지, 걸핏하면 남 탓에다 문제 풀 생각은 않고 도망가기 바쁘니 인간이 그리 가벼워서 되겠어? 아무리 가벼움에 열광하는 시대라 해도, 어째 넌 하는 말마다 기생오라비 같은 진가 놈 닮았구나. 하긴, 넌 또 가벼워야 떠다닐 수 있다고 말하겠지.

간절하지 않으면 정직하기라도 하든가, 민폐는 삼가야지.

생명이든 노래든 운동이든 시든, 제대로 확실하게 뚝심 있게 좀 해봐. 그럴듯한 거 말고, 진짜로!

힘든 날

오전엔 좀 흐린가 싶었는데 오후엔 봄처럼 포근했다. 두꺼운 점퍼 차림에 모자까지 쓰고 나섰다가 쪄 죽는 줄 알았다.

오늘은 두 분을 만나 네 시간 정도 생애에 걸친 희로애락을 들었다. 죄책감에 시달리며 연신 눈물 흘리는 분의 얘기를 듣는 일은 힘겹다. 상담을 마치고 편하게 인사 나누고 헤어졌지만, 돌아오는 내내 오늘 들은 이야기가 떠올라 뒷머리가 뻐근했다.

아침에 살짝 감기 증세를 보이던 아내, 집에 돌아오니 잦은 기침에다 목이 따갑다며 마녀의 음성으로 변했다. 서둘러 주치의 쌤께 가봐야겠는데, 오늘은 이래저래 힘든 날…ㅠㅠ

깨달음

일로 만난 사람들은 대개 정신적이든 육체적이든, 남들이 쉬 이해할 수 없는 혼자만의 감정, 혼자만의 고통에 시달리고 있다. 어딘가는 건드리기만 해도 아프며, 어딘가는 생각만 해도 가슴이 찢어질 듯한 이야기가 누구에게나 있음을 알게 되면서, 나는 그 이야기들을 내 것처럼 들으며 세세하게 기억하려고 애썼고, 그 불안과 고통을 지지하고 위로하려고 애썼다.

나의 깨달음은
토막 나도 살기를 포기하지 않은 저 나무처럼
지금 힘든 사람들이
과거에 힘들었던 사람들이
또 언젠가 힘들게 될 사람들이
이 비틀어진 세상을 꾸역꾸역 떠받치고
온몸으로 끌고 가는 것임을

축복

바쁜 하루를 보냈다. 편집과 사진 작업, 송년회, 그리고 밤늦은 시간 선생님과 만나 우리가 만난 아이들의 삶과 추억을 이야기하며, 크게 웃다가, 또 잠시 심각하다가, 어떤 대목에선 미친 듯 터졌다. 몸은 피곤해도 커피 한 잔으로 의지를 불태우는 시간이 고맙고 소중하다. 집으로 돌아오니, 신랑 기다리다 불 켜놓은 채 이불 걷어차고 누운 아내가 사랑스럽다. 불 끄고 이불 덮어주고, 조용히 서재로 올라와 컴 앞에 앉아 수정안 메일 보내고 잠시 담배 한 대 물었다. 한 해를 보내는 시간, 하루하루가 기적이고 축복이다. 하느님 고맙습니다.

나의 초기억(超記憶)

교련복을 입은 채 건들거리며 어머니를 따라 내가 태어난 고향 집으로 가는 길이었다. 고향엔 아직도 아버지 어머니의 친척들이 살고 계시며, 서부 경남의 진주 강씨 집성촌이기도 하다. 여기저기 초가집도 있고 작은 샛강과 마을 앞에 다리가 있는 마을 풍경은 이미 내가 보았던 풍경이었다. 나는 마을 입구를 지나며 어머니께 물었다.

"엄마, 저 모퉁이 돌아가면 어마어마하게 큰 나무 있잖아? 거긴 아이들 놀이터일 텐데."라고 했더니 엄마는 "네가 어떻게 그 나무를 알지? 아기 때 널 업고 딱 한 번 와본 곳인데..."라고 하셨다.

당시 역대 최강이었던 사라호 태풍은 우리 동네 루핑 지붕을 사정없이 파괴했고, 허술한 토담집은 아예 무너져 내렸다. 두 살 아기였던 난, 지붕이 굉음과 함께 바람에 뜯기며 날아가고 누워서 하늘을 보았다. 그리고 어머니의 비명과 장독 뚜껑이 날아가며 내는 격렬한 파열음을 들었다. 그런 난리 통에 비닐을 덮어쓰고 쏟아지는 비바람에 동분서주하시던 어머니의 모습을 생생히 기억한다.

또, 갓난아기였을 때, 어머니께선 포대기 채로 마루에 날 눕혀놓고 잠시 자리를 비우셨다. 쪼쿰 씩씩한(^^) 아기였던 난 꼼지락거리며 마루 끝까지 나아갔고, 곧 떨어질 위험에 처했다. 그때 갓난아기였던 내 눈으로 마루 끝과 허공 사이의 간격,

그 위험한 순간의 세세한 풍경을 바라보며 난 아래로 떨어졌다. (당시 초량동 일대에서 천둥소리를 들었다는 사람도 있^^) 나중에 커서 어머니께 "엄마, 내가 아기였을 때 마루에서 떨어져 다친 적 있었지?"라며 내 목 뒤의 흉터에 대해 말하니 "응? 네가 그걸 기억할 수 없을 때인데?"라고 하셨다.

그랬다. 내가 기억하는 풍경은 '하나의 둥그스름한 돌'이었던 내가 본 것이라기보다 날 지키는 수호신이 본 게 아닐까.

아, 엄마 뱃속에서 부모님의 대화 들었다는 허풍 댓글 금지...@"@;;

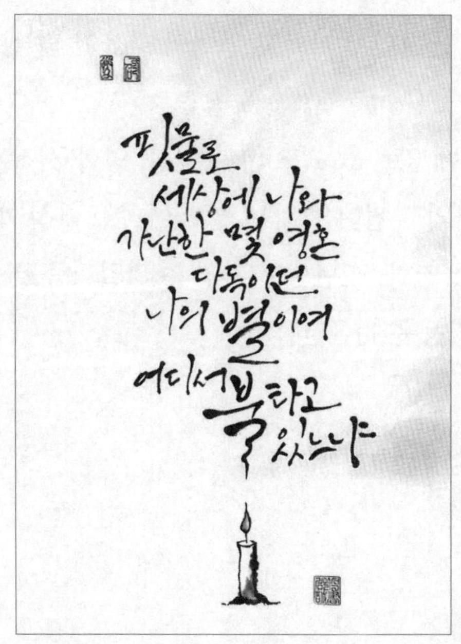

영화 '82년생 김지영'

저녁 미사 다녀온 후 막둥이에게 영화 보러 가잤더니 자긴 집에서 쉬겠다며 '82년생 김지영'을 보라고 했다. 무시로 영화 마니아 흉내를 내는 막둥이의 추천, 그리고 한 달 전쯤 광주 딸아이가 보내온 두 장의 티켓 기간이 며칠 남지 않아 CGV에서 봤다.

주인공 지영이와 친정엄마, 회사 팀장의 연기는 별 다섯 개.

지영이 친정아버지와 정신과 의사, 남동생의 연기는 별 두 개.

사랑하면서도 적극적이지 않은 남편(공유)의, 지나치게 분위기 잡는 눈 연기도 별 두 개.(공유 팬들 미안요...^^)

엔딩 직전 남편의 육아와 지영이의 글쓰기 몇 장면뿐인 스토리는 별 세 개.

내 오른쪽에 앉은 초고도 비만 여성, 영화 시작부터 끝날 때까지 과자 꺼내고 씹는 소리는 별 마이너스 다섯 개.

감상 총평, 영화 '82년생 김지영'은 리얼리즘 결핍, 2% 부족한 스토리, 감동은 눈곱만큼...^^

뚱땡이들의 특징

비 오는 날은 아내의 컨디션이 안 좋아 조심스럽다. 아침에 잰 혈압은 200을 조금 넘었고 맥박은 느린 편. 모다를 살짝 돌려 아침 기분을 살려볼까 하다가, 최대한 말을 아끼며 고음악 아카데미 연주의 헨델을 틀어놓고 아침 준비를 시작했다.

냉동실의 추어탕을 꺼내어 물에 담그고, 감자채를 썰어 계란을 풀어 전을 부쳤다. 우선 냄새와 소리는 합격. 잠시 식탁에 앉은 아내의 머리를 땋아 위로 올려 고무줄로 묶고 밥솥을 보니 아차, 취사 버튼 누르는 걸 깜빡했다.

"아이쿠, 30분만 더 기다려줘. 밥을 깜빡했네."

"오빤 음악 들으며 음식 만드는 날엔 꼭 중요한 걸 한 가지씩 빠트리더라. 멀티가 안 되는 건 뚱땡이들의 특징인가 봐."

뚜 뚜 뚜....@"@;;

또 하나의 약속

10년 전, 기저부 뇌출혈과 뇌 대동맥류로 아내가 백병원 신경외과 병동 복도 끝 2인실에 입원해 있을 때였다. 같은 병실에 있던 스물세 살의 아가씨, 고교 졸업 후 삼성 반도체에서 일하다 뇌종양 진단을 받고 투병하던 그녀가 짧은 생애를 마치는 안타까운 순간을 보았다. 삼성에 취직했다고 온 가족이 기뻐한 얘기며, 취직하자마자 일본 여행을 보내주었다는 얘기, 일한 지 얼마 되지 않아 시작된 두통, 진통제를 먹으며 꾸역꾸역 일했다는 얘기, 진단이 내려지고 입원 후 회사로부터 받은 보상 이야기, 회사와 싸우는 일을 포기하게 된 이유, 곧 세상을 떠날 딸아이를 편히 보내주고 싶다는 아버지의 마음, 그게 어떤 건지 참 슬프고 안타까운 마음으로 이야길 들었다.

2014년 초 개봉했던 영화 '또 하나의 약속'을 본 후 쓴 이 시를 세월호가 가라앉았던 그해 가을, 시집 '조까라마이싱'에 실었다. 욕이 아니고는 그 어떤 아름다운 제목을 만들어 쓰는 게 가책이 될 만큼 참혹한 폭력의 시간이었다.

또 하나의 약속

눈물의 영화가 끝났다
무수한 이름이 스크린을 덮을 때
우람한 나무 그늘 아래 노니는 새를 떠올렸다

단 한 순간도 무너지지 않고
고난의 서사에 볼 비비며
꼭 부둥켜안고 지킬 줄 아는
나무의 정직한 헌신을 보았다
3억 5천에
10억에 포기하라는 물신, 그 집요한
쓰레기의 준동에 맞선 부모의 궤적에서
꼭꼭 씹어 새끼 입에 넣어주는
어미의 숙명을 보았다
온몸으로 대지를 파고드는
뿌리의 강고한 생명감각을 보았다
우주의 생애도 이보다 위대할 수 없다
어떤 체제의 인장 강도도 이보다 강할 수 없다
모두가 법 앞에 평등하다고?
주권이 국민에게서 나온다고?
이 영화를 보라
거대 자본과 맞닥뜨린 세 손님의 시선을 보라
체제의 자유이용권을 지닌 손님
개 같이 일하다 백혈병으로, 뇌종양으로 죽는
초일류 회사의 노동자란 손님, 그리고
불안과 자책 견디며
도착적 관음증에 시달리는 손님을

160도 안 되어 보이는, 작은 키의 늙고 왜소한 그 아버지와는 내가 다녔던 국민학교 정문 앞 골목에 사는 분이란 이유로 자연스럽게 학교 주변의 풍경과 옛 추억을 얘기하며 친해졌다. 두 분 다 법 없이도 살 사람이었는데, 장례 후 서류 일로 병원에 왔다가 병실에 인사하러 왔을 때, 서로 꼭 껴안고 힘내서 살자고 한 게 우리 두 사람의 마지막 대화였다. 그 후 삼성 반도체 피해자 모임, 산재 투쟁, 반올림의 활동 소식, 삼성 서비스센터, 삼성화재 노동자의 자살 소식 등 삼성과 관련한 소식들에 난 절로 민감해졌다.

이제 거의 1년 가까이 강남역 CCTV 철탑 위 새집처럼 텐트를 치고 농성 중인 삼성 해고노동자 김용희, 겉으론 번드르르한 대국민 사과문을 발표하고 무노조 경영 포기, 준법 경영을 이재용이 선언한 그 날, 그는 목숨을 건 세 번째 단식을 시작했다.

6년째 생사불명인 이건희 회장의 4~5조 원대 차명계좌와 그룹 차원의 범죄, 박근혜 최순실의 국정농단 공범으로서의 이재용, 삼성물산의 부당 합병과 삼성바이오로직스 회계 사기 등, 모든 범죄 혐의에 대해 이재용을 철저히 수사하고 법에 따라 제대로 처벌해야 우리 사회가 그나마 안심할 만한 사회라는 믿음이 생기지 않을까? 그를 감옥에 가둔다 해서 공룡기업 삼성이 제대로 돌아가지 않을 리 없다. 삼성이 그간 저지른 무수한 범죄와 불법을 고치겠다는 확고한 의지나 약속 없이, 피해자들 앞에 진심으로 사과하고 법적인 책임을 지겠다는 태도 없이, '대한민국 국격에 어울리는 삼성을 만들겠다' 따위의 번드르르한 수사라니, 인간의 가슴에서 우러나와야 할 사과문이 어찌 이따위 요식 언어로 가득 차 있단 말인가!

오랜 세월 삼성으로부터 철저히 짓밟혔던 해고노동자 김용희, 도심의 비좁은 CCTV 철탑에 올라 단식을 거듭하며 저항하는 그의 목숨은 이미 우리 사회의 뇌관이 되었다. 늙수그레한 한 노동자의 저 처절한 저항을 거대 사옥의 창밖으로, 야수의 시선으로 비웃으며 바라보고 있었을 지난 1년, 이제 거대한 초일류기업의 구석구석이 쩍쩍 금 가는, 진실한 참회의 계획을 내놓아야 하지 않겠는가? 노동자 김용희의 목숨 건 싸움이 극점에 다다랐기 때문이다.

3부

난 좋다

언제나 반 인간의 지점을 분명히 가를 줄 아는 사람, 핏빛의 서사와 시원(始原)의 노여움을 가슴에 품고 사는 사람, 말 한마디 한마디에도 목표와 시선이 확고해서 곧 물이 뚝뚝 떨어질 듯 깊은 눈빛으로 바라보며 말하는 사람, 무수한 일탈과 좌절, 투쟁과 슬픔에 무겁고 온몸 갖다 대고 비비는 사람이 난 좋다.

주위의 시선과 법규 행정 따위에 얽매여서 할 수 있는 일을 미루거나 하지 않는, 몹시 게으르고 무기력한 사람, 소소한 약속을 예사로 어기거나 바로 옆 사람과도 손잡을 줄 모르면서 걸핏하면 나라를 구할 것 같은 도덕적 언사를 일삼는 사람, 깨알을 보고 들어도 금세 코끼리로 둔갑시키는 사람, 생애의 관성을 스스로 불태울 줄 모르는 사람, 난 싫다.

영성체

군인 주일, 대전에서 군종신부님이 오셔서 미사를 집전하셨다. 미사 마치고 현관으로 나오니 여러 교우님이 아내의 회복을 축하한다며 인사하셔서 연신 고개 숙이며 정중히 답례를 했다. 아내를 부축해 조심스럽게 본당 계단을 내려오며 속삭이듯 말했다.

"여보, 영성체를 받으면 난 꼭 입천장에 들러붙어 떨어지지 않더라."

"호호호, 주님께서 그러셨겠어요, '정신은 산만하고 몸은 뚱뚱한 스테파노야, 내가 너에게 딱 붙을 테니 정신줄 놓지 말고 더 열심히 살도록 하여라'라고요."

뚜 뚜 뚜...@“@;;

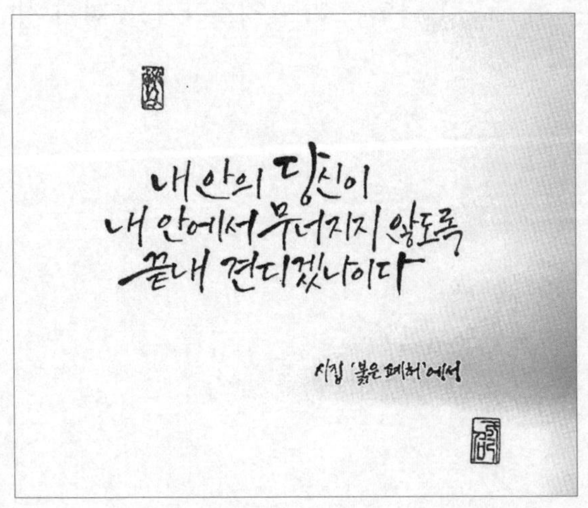

쓰리포 엑스라지

전국의 쓰리포 엑스라지 동지들, 덥지요? 요 며칠 더위도 슬슬 가라앉는 거 같으니, 마지막 시즌 흡입에 최선을 다하며 힘내자고요. 도처에서 뚱뚱하면 일찍 골로 갈 거라는 와라바시들의 준동이 눈엣가시 같지만 보란 듯이 더 굵게, 돌돌돌 구르며 잘살아 보잔 말입니다.

뭐, 전반적인 대사 장애로 애를 먹긴 하지만, 너무 나빠지지 않도록 제대로 처방된 약 먹고 적당히 운동하고 노력하면, 씩씩하게 잘 살 수 있다고요. 요즘 길 가다 사람을 만나도, 테레비를 봐도, 공연히 뚱혐을 조장하는 가끼목이나 와라바시, 꺾인 빨대들이 많던데, 그들은 대체로 뚱땡이들의 느긋하면서도 곧은 뚝심의 정신세계에 대해 무지하더라고요.

동지들, 덥다고 위축되지 말고요.

새로운 한 주도 전국의 쓰리포 엑스라지들, 파이팅!...♥

질투

주말에 마지막 휴가 나온다고 막둥이에게서 전화가 왔다. 엊그제 입대한 거 같은데 시간이 쏜살같다. 상병 때까진 돈 쓸 일 없다며 월급 받아 저금하고 무시로 엄마 용돈까지 보내더니, 병장이 되면서 담배를 피우기 시작했다는데, 이젠 제 휴대폰 요금도 아빠한테 떠민다. 제사 마치고 아내랑 바다에 며칠 다녀올 생각인데, 막둥이가 엄마한테 휴가 용돈을 보냈다는 얘길 듣고는 작렬하는 질투심에 아들에게 전화를 했다.

"너, 아버지한텐 휴대폰 요금 갈취하고 엄마한텐 몰래 용돈까지 챙겨주고... 너 차별이 얼마나 인간을 쪼개고 피폐하게 만드는지 알지? 어떻게 자식이 부모를 차별하는 거야?"

"아, 아버지... 저 지금 전화 끊어야 하는데요. 짧게 한 말씀 드릴게요. 제가 군에 있는 동안 무슨 일이 있었던 거죠? 울 아버지 엄청 쪼잔해지셨네요. 제가 사회로 나가면 좀 더 너그럽고 대범하신 아버지와의 재회가 되기를 기도하겠습니다. 그럼 아버지, 이만 충성!"

"이런, 나쁜 쉐끼!"

뚜 뚜 뚜...@"@;;

예술적인 몸

아내랑 단둘이 있으면 사람이나 물건이나 별 이동할 게 없으니, 집안 곳곳에 식물이 그렇게 많아도 늘 깔끔하게 정리되어 있는데, 온몸 시커멓게 털로 뒤덮인 말년 병장 하나가 들어와 구석구석 사부작대니, 흐트러지고 흘린 게 눈에 띌 때마다 따라다니며 정리해야 하니 여간 상그러운 게 아니다.

이놈은 무슨 개도 아닌 것이, 몸에 난 털이 얼마나 무성한지, 전용 털깎기 도구로 적당히 숱을 치고 허벅지와 배, 등의 털까지 면도기로 정리해주어야 한다.

가끔은 홀랑 벗은 채 "어때요? 좀 깔끔해진 거 같지 않아요?" 물으며 코앞에서 엉덩이를 휙휙 돌려댄다.

"쉐끼, 어릴 적 나를 그대로 닮았네. 피부도 뽀얀 게.“

"아빠, 그럼 언제부터 흡입을 시작해야 둘레 45인치가 넘는 그 예술적인 중부지방으로 완성되는 건가요?“

터졌다. 만만찮은 놈...@"@;;

모다 핑핑 도는 막둥이 탓에 한 보름 집중하기 어려울 듯.

낚시 심리학

사람 사이의 관계는 일상에서 포착한 어떤 단서나 근거로 분석을 시도하면 거의 틀림없다. 긴밀한 우정을 나눌 수 있는 관계로 발전하거나 잠깐 스치고 지나는 정도, 또는 서로에게 상처만 남게 되는 악연이 되는 것은 서로를 향해 지닌 일상의 행동과 마음가짐으로 결정된다. 믿음을 갖고 서로 꾸준히 대화하는 일은 우정의 핵심이다. 마음대로 판단하고 끊고 맺는 페북의 인연이 그리되기는 쉽지 않을 터. 여러 공간에서 내게 공공연히 믿음을 표현했던 한 후배가 날 끊더니, 어느 날 다시 친구가 되어 있어 꽤나 갈등이 있나 싶어, 대화가 필요함을 설명하는 문자를 보냈다. 그 후 두어 번 전화해도 안 받더니 어느 날 친구였다가 또 끊어져 있다. 관계에 대한 인식이 서로 다른 경우다.

이전에 썼던 '낚시'를 통한 마음가짐과 행동에 관한 글인데, 꽤 길지만 재미로 쉬엄쉬엄 읽어보시길...^^

자잘한 일상이 삭고 삭아 누적될 때 그것이 이념이 되고 뼈대가 되는 법, 지나치게 크고 옳으며 지나치게 상식적인 것들은 내밀한 성장의 기제가 되진 않는다. 낚시를 빙자한, 관계와 태도에 관한 이야기이다.

1. 왕졸(往卒) / 죽자사자 형

함께 어울리기에 인내심이 필요한 유형, 대개 절제심 약한 초보의 꾼에게 흔하지만, 초보라 해서 다 그런 건 아니다. 처음 배울 때 잘 못 배운 탓이 큰 '죽자사자 낚시 형'은 근본 품성이 자기밖에 모르는 사람이므로 오랜 세월 지기로 지내기 힘든 사람이다. 자연을 대하는 자세나 주변에 대한 배려에 대해 천천히 가르칠 수도 있겠지만, 열 번 정도 함께 낚시하면 같은 장소에 있다는 것 자체가 고통일 수 있다. 무릇 좋은 스승에게 잘 배우기도 해야겠지만, 낚시를 대하는 마음가짐이 무엇보다 중요할 터, 소위 노름꾼은 '노름판이라야 인간성을 알 수 있다.'라는데, 낚시꾼은 갯바위에서 함께 며칠 밤을 지내봐야 조도(釣度)를 알 수 있다.

암흑천지 갯바위에서 밥 뜸 들이고 맛난 찌개 끓이는 일, 커피 한 잔 준비하는 일, 흐트러진 장비 정리와 쓰레기 치우는 일, 잠자리를 챙기고 조우를 위한 조촐한 횟감 준비와 술 한 잔 권하는 일 등, 온갖 자잘한 일을 성실하게 해야 하는 게 낚시이다. 고기 잡는 일 아니고는 손끝 하나 까딱하지 않는, 오직 낚싯대만 꼬나쥐고 있는 사람이란 대체로 고집불통이며 매우 이기적인 마마보이 스타일이거나, 남에게 아무것도 줄 줄 모르며 그저 받는 것에 익숙한 '3대 독자 외동아들' 증후군, 또는 신경증에 가까운 '까탈스러운 무남독녀 형'이거나 사회적으론 소소한 이익을 따라 움직이는 철저한 기회주의자란 게 내 경험적 추론이다.

예고된 철수시간이 되어도 손맛에 대한 미련을 버리지 못해 대를 들고 꾸물럭대다 갑자기 배가 오면 허둥지둥 자신의 장비만 달랑 들고 배를 타지만, 갯바위 정리를 비롯한 온갖 일을 동료에게 맡기는 민폐를 끼치고도 배를 타면 자신의 낚시무용담에 숨넘어가는 유형이다. 더구나 자신의 행동이 타인을 힘들게 했는지조차 모르기 때문에, 걸출한 기세의 스승을 만나 호되게 꾸지람을 들으며 해골 저 깊은 곳까지 진공청소기로 좍좍 빨리는 자극을 받거나 아니면, 주위의 비슷한 졸들과 '네가 잘했니, 내가 잘했니' 다투며 '영원한 왕따의 세계', 왕졸의 길을 가는 수밖에 없다.

2. 조졸(釣卒) / 채비맹신 형

진정한 조졸은 낚시를 시작한 지 꽤 지나야 한다. 드물지만 귀한 고기를 잡아본 적도 있어 나름의 이론적 무장도 되어있다. 낚시와 관련한 책과 영상을 보며 자신의 것으로 만들기 위해 끊임없이 노력하며, 꾼을 만나면 자신 있게 읊조릴 섬 몇 개와 포인트 몇 개는 꿰고 있다. 가방 속에는 다양한 낚싯대가 넘치며 소품들이 여기저기 집안을 굴러다니는 단계여서 퇴근 후 집에 돌아오면, 물통에 찌를 담가 부력 표기하는 일이 양 꼬치나 닭발 안주로 영양가 없는 잡담이나 하다 취해 들어오는 일보다, 돈 쓰고 시간만 들지 역사 발전에 별 도움 안 되는 연애질보다 거의 백배쯤 재미있다.

유명 장비를 갖기 위해 호시탐탐 거짓말하며 비자금을 꼬불치기도 하고, 밤새 일급 장비를 휘두르는 프로페셔널한 자신의 모습을 꿈속에서 조우하는 단계이다. '장군!', 혹은 '아다리!' 한 번으로 적의 폐부를 푹 찌르는 '수렵의 쾌감'을 만끽하듯, 자나 깨나 대물에 대한 환상을 지우지 못해 손목이나 이마에 붉은 스카프를 두르고 마치 전사의 시늉을 하거나, 손가락 마디마디엔 서서히 굳은살이 잡히기 시작하고 원도권의 간출여 이름을 입에 달고 다니기 시작한다.

어떤 영역이든 미치기 시작하면 다 그렇듯 식탁 위 생선 지느러미가 살아 움직이는 것 같고, 하릴없이 젓가락을 쥔 손끝이 바르르 떨리거나 잘 익은 무김치가 농어찌로 보이고, 날씬한 아가씨의 각선미에서 원투 형 막대찌를 떠올리는, 초강력 뽕을 맞은 상태이므로 난데없이 8짜 감생이와 6짜 볼락과 씨름하다 오르가즘을 느끼는 꿈을 꾸기도 한다.

조졸의 행동특성 중 특별한 점은 장비와 채비에 관한 강한 실험 정신이다. 황금 같은 아침 물때에 상상과 공상의 경계를 오가며 연신 채비를 교환하느라 끊임없이 돌아서서 꼼지락거리는데, 수면의 찌가 생각보다 빠르게 흐르거나 채비 하강 속도가 느리다거나, 조금이라도 자신의 채비에 확신이 없으면 도무지 낚시에 집중할 수가 없으며, 시도 때도 없이 채비를 바꿀까 말까로 고민하며 황금 같은 시간에 극심한 심리적 혼란을 겪는다. 어쩌다 쓸 만한 고기를 한 마리 건지기라도 하면, 그것이 교통사고였든 아니든 그 순간 채비는 고정되고 자신만의 패턴을 체감한다.

뭐가 뭐니 해도 이 유형의 압권은 육지로 복귀하면서부터이다. 행동의 혼란을 잠재워준 결과물, 자기 고민과 상상, 연구의 혁혁한 전리품, 그 명백한 증거로 인해 그는 누구보다 자기 채비에 대한 전문성과 자부심을 설파할 사격을 얻는다. 그러나 이들은 낚시가 목줄의 길이나 봉돌의 크기와 위치에 절대적 영향을 받는다고 생각하는 일천한 초급자일 경우가 많다. 운칠기삼 이론에서 기 3의 내용을 굳이 따져보자면 채비는 0.5~0.8 정도, 이런 채비맹신형의 사람을 만나면 이렇게 생각하면 어느 정도 정확하리라. '이제 좀 알 만한가 보구나.'

3. 조풍(釣風) / 무차별 과시 형

살다 보면 어디서나 풍이 센 사람을 만난다. 조풍 형은 마치 자신이 하늘이 내린, 타고난 낚시꾼이며 출중한 존재라고 착각하는 사람이다. 세상은 얼마나 넓은가? 아무래도 그는 너무 심한 허풍을 떠는 편이라 낚시 탓에 자기 생애의 장점을 다 깎아내리고 만다. 한반도의 바다를 한눈에 꿰뚫어보고 있다거나 미터급 농어를 타작했다는 몽환적 인식부조화 현상, 낚시에 대해 조금 알만하고 또 쓸 만한 고기 몇 마리 잡으면, 마치 세상을 평정한 듯한 생각이 든다. 그래서 낚시꾼의 허풍은 하느님도 눈감아 주시는 영역이라 했던가, 하지만 허풍도 상습적이면 함께 하는 꾼에겐 대단한 스트레스다.

주위를 둘러보면 어렵잖게 무차별 과시 형 꾼들을 볼 수 있는데, 무엇보다 액션이 크며 목소리도 커서 그의 무용담을 인내하며 듣노라면, 골이 띵하고 귀가 간질간질하며 연신 재채기가 나올 듯 말듯 코가 시큼시큼하다. 남의 얘길 듣는 전문가인 나로선 적당히 재치 있는 허풍은 재미있을 때도 있지만, 시종일관 분위기 파악이 안 되는 사람은 아무래도 가슴에 울화만 차게 한다.

10년 내외의 조력, 혹은 형제 없이 유복한 성장기를 보낸 사람, 조직생활을 전혀 경험하지 못한 독불장군과 같은 라이프스타일을 지닌 사람에게서 흔히 볼 수 있다. 열심히 고생해서 부를 축적했든 부모 잘 만나 그렇든, 허풍을 떨려면 스스로 먹고사는 데에 불편이 없어야 함은 기본이다. 자본주의 사회에서의 재력이란 게 대체로 사람을 거만하게 만들고, 그의 허풍을 듣고 있는 주변 사람들에 대한 배려가 부족하기 예사이므로, 낚시 얘기만 나오면 금세 도를 넘는 행동특성을 보인다. 아무튼, 이런 바람둥이 형 낚시꾼을 조용히 잠재우기란 그리 어렵지 않다. 주제가 주제인지라, 낚시에 관한 한 진정한 고수가 나서서 그를 꾹 한번 눌러주면 만사 오케이다.

바다는 넓고 고기는 많다. 살면서 쓸데없는 낚시 허풍에 시달릴 필요는 없다. 난데없이 고수를 만나 심장에 대못이 박힌 허풍쟁이는 밤잠을 설치며 아픈 가슴 부여잡고 새로운 세계로 일로매진할지도 모른다. 지천으로 허풍쟁이 꾼이 많아진 것은 초보 꾼의 업그레이드를 소홀히 한 주변 고수들의 책임이 크다.

4. 조산(釣散) / 과잉행동장애 형

산만하기 이를 데 없는 유형이다. 워낙 깨살스럽고 활달하여 분위기 파악이 잘 안 되며, 대개 이런 사람과 낚시하고 나면, 똥 닦다 휴지가 모자란 것처럼 낚시 전 과정에서 무언가 놓친 것 같은 기분이 든다. 마치 크레모아에 맞은 듯 지천으로 늘어놓기만 하는 행동을 찬찬히 인내하며 상대하기가 버겁다. 낚시를 시작하고 얼마 지나지 않았음에도 조금만 입질이 없으면 여기저기 옮겨 다니며 왕성하게 소음을 일으킨다.

근본은 선한 사람이어서 때론 궂은일도 마다하지 않지만, 집중력이 강한 사람에겐 함께 바다를 음미하기에 몹시 부담스러운 사람이다. 특히 소음이나 불빛을 조심해야 하는 밤낚시 중 집중하고 있을 때, 갑자기 큰 소리로 '커피한잔 하슈!' 고함치는가 하면, 어쩌다 대가 휘어지기라도 하면 큰 소리로 '뭐요?'하고 소릴 지르며 옆으로 달려온다. 여기저기 후레시를 비추고 갯바위를 펄쩍펄쩍 뛰어다니며 소음을 일으키기 때문에, 이런 사람과의 낚시는 차라리 낚시보다는, 그저 먹을 것 잘 챙겨먹고 농사리나 열심히 까며, 체제의 패악스러움이나 여느 정치인 하나 붙들고 자글자글 씹다 돌아오는 게 차라리 유익하리라.

여기 조산형의 특징을 몇 가지 기술하니 스스로 의심나는 분은 하나하나 체크하며 자가 진단해보시길 바란다. 아래의 다섯 항목 가운데 세 가지 이상이면 얼추 조산 형 낚시꾼이다.

첫째, 대를 들고 섰지만 집중하질 못하며 또한 스스로 집중하려 하지 않는다.

둘째, 남 얘길 잘 듣지 않으며, 언제나 분위기 파악 못하는 통찰력 결핍상태이다.

셋째, 주변의 모든 걸 흩트리며 스스로 아무것도 마음 써 마무리 짓지 않는다.

넷째, 시도 때도 없이 뭘 잃어버렸다며 옆으로 와서 도와달라고 한다.

다섯째, 금세 마음이 산란해지고 건망증이 심하여 자기 물건을 상습적으로 동료에게 묻고 찾는다.

조산 형 낚시꾼으로 의심스러우면, 아래 열 가지 항목을 다시 체크해보아야 한다. 여섯 가지 항목 이상 체크가 되면 '매우 충동적'이란 평가를 받는 조산 중의 조산, 왕(王)조산 형이다.

1) 안절부절 하는 마음 탓에 괜스레 원줄을 끊어 다시 매기도 하고, 갯바위에 패대기친 노래미의 아가미 속으로 긴 집게를 넣어 뜬금없이 어체를 분해하기도 한다.

2) 한 자리에 오래 앉아있지 못해 쓸데없이 갯바위를 어슬렁거리다가 넘어져 '대일밴드!'를 외치기도 한다.

3) 직벽을 기어오르거나 갯바위를 뛰어다니다, '좀 가만히 있지 않을래?'라는 조우의 한 마디에 상처받아 '너랑 다시는 낚시 안 올 거야' 중얼거리며 상처받는다.

4) 조용히 낚시하지 못하고 '꽃 피~는 동백섬에~' 한 가락 뽑으며 동료가 애써 모은 물고기를 쫓는다.

5) 잘하고 있는 조우에게 끊임없이 자리를 옮기자고 유혹하

며, '여긴 고기 없어'라고 단정 짓는다.

6) 무슨 할 말이 그리 많은지 떨어져 앉으면 큰 소리로, 곁에 있으면 속삭이듯, 발전기가 전기 내뿜듯 끊임없이 말을 걸어온다.

7) 뭘 좀 물어볼라치면 질문이 채 끝나기도 전에 대답이 먼저 튀어나와, 묻는 사람 김새게 하며, '잘 들어봐, 좀!'이란 말을 계속 하게 만든다.

8) 갯바위에 도착하자마자 조금의 여유도 없이 대를 꺼내 채비부터 꾸리느라 땀을 뻘뻘 흘린다. 옆에서 보면 서두르는 모습이 역력하다.

9) 다른 사람을 방해하는 경우가 많으므로 단체 출조에서 같은 조가 되지 않으려고 사람들이 왕따 시키기도 하는데, 그런 것에 상처받아 잠시 침묵을 실천하기도 한다.

10) 배를 타고 내리거나 식당에 들어설 때, 자신의 순서를 인내하고 기다리지 못한다. 질서 감각이 부족하여 항시 먼저 우당탕 해치우거나 찾아보면 벌써 혼자 안에 들어가 있다.

이상의 열 가지 체크리스트 가운데 여섯 가지 이상에 해당하거나, 1년 이상 이와 같은 증세가 계속되면 낚시를 계속해야 할지 말아야 할지 결단해야 한다. 조산형의 치유를 위한 가장 좋은 방법은 덩치가 뒷산만 하고 주먹지름이 20cm에 육박하

는, 게다가 인내심은 극도로 약한 스승을 하나 두어 내밀한 개인지도를 받는 것이다...^^

5. 조사(釣士) / 자원봉사 형

이 유형의 사람에게 낚시는 자신의 품성을 다스리고 천성으로 타고난 봉사정신 구현을 위한 도구일 뿐이다. 낚시터로 가고 올 때 운전을 도맡아하며 배를 타고 내릴 때에도 앞장서 일거리를 줄여준다. 낚시의 전 과정을 통해 자신의 눈앞에서 벌어지는 모든 움직임에 반응하며 온몸으로 그 일들을 행한다. 한 마디로 전형적인 동호회 총무 형이며, 나아가 중견 간부의 행동이 몸에 밴 조직의 중화(中和)형이다.

갯바위에 도착하여 남들이 대를 펼칠 때 이 사람은 버너와 코펠을 꺼내고 식료품을 꺼내고 정리한다. 뿔뿔이 흩어져 낚시하다 보면 항상 이렇게 숙식을 먼저 챙기는 사람의 덕을 자주 보게 됨은 말할 나위가 없다. 남들이 밑밥을 치며 채비를 던질 때 이 사람은 커피를 끓이며 주변 쓰레기를 한 곳으로 모은다. 때로는 몰래 준비해온 먹을거리를 꺼내어 낚시삼매경에 빠져 있는 조우 곁으로 가 먹어보라며 슬며시 전해주기도 한다. 평소 검소하고 청렴한 생활 습관을 갖고 있으므로 그를 따르는 후배들이 많으며 그를 좋아하는 꾼들이 주변에 많아 외롭지 않다.

꾼들에게 대체로 '좋은 사람'으로 인정받으며 인기가 있는 이런 유형의 사람은 함께 낚시하는 사람에게 조그마한 피해도 입히지 않으며, 현장에서 필요한 모든 일을 만족스럽게 수행하고 나서 시간이 남을 때 비로소 낚싯대를 펼친다. 따라서 그는 꼭 필요한 물품은 그리 많이 준비하지 않으며 오히려 갯바위에서의 넉넉한 먹을거리를 항상 우선으로 챙기는 사람이다. 자신의 자잘한 봉사가 함께 낚시하는 사람들을 즐겁게 하는 데에 뿌듯한 만족과 기쁨을 느끼므로, 주변 사람들도 알게 모르게 영향을 받아 대부분 비슷한 스타일의 봉사 형 조사로 변해간다.

조용하고 내성적이며 따뜻한 품성의 소유자이고, 사회적으로는 자수성가했거나 조력이 10년 넘는 중년의 낚시꾼에게서 이런 유형이 많다. 간혹 그의 지나치게 가정적이고 자상한 모습에 이질감을 느끼는 일부 젊은 꾼에게 쓸데없는 모함과 질시를 받기도 하지만, 그는 자신의 모습을 조금도 잃지 않는다.

반듯하고 옳은 것에 대한 분명한 기준과 분별력이 있으므로 그의 상황인식은 늘 정답일 경우가 많으며, 낚시과정 중 혹 일탈을 부추기거나 과격한 상황이 연출되어도 침착한 자세를 잃지 않으며, 매사에 준비하고 계획하는 탁월한 조정능력을 보여준다. 거친 갯바위를 상대하는 바다낚시 전문 꾼의 경우, 이런 사람과 조우가 되거나 스승으로 모시게 되면, 낚시가 한결 아름답고 즐거워질 것은 자명한 사실이다.

6. 조장(釣匠) / 고수 형

이런 유형의 사람은 우선 매사가 전문적이다. 자신이 관계하는 분야에서도 독보적 일가를 이루고 있는 경우가 많으며, 재능이 풍부하고 집중력이 강해 성취도가 매우 높은 사람이다. 남들이 10년간 노력해야 이룰 수 있는 경지도 불과 1~2년 안에 성취할 수 있는, 명석한 두뇌와 강한 집중력의 소유자이다. 얼핏 보면 그가 무엇을 생각하고 있는지 분간하기 어려울 때가 있는, 프로페셔널한 표정의 주인공이기도 하다. 간혹 언행이 서툴러 오만해 보이거나 어눌해 보이기도 하지만, 그의 한결같은 전문가적 모습에서 때로는 '폼생폼사'라고 오해받을 때도 있다.

언제 어디서고 동료에게 귀감이 되고자 노력하며, 일상에 함몰되어 걸핏하면 먹고 마시고 연애질 얘기에 열 올리는 사람들이 한심해 그들을 가르치려고도 해보지만, 그에게 배우는 사람들은 그의 농익은 철학보다는 숙련된 그의 기술에 이끌린다. 다양한 경험으로 축적된, 이른바 조력이 깊으므로 수심이나 조류, 바람 따위의 바다를 분석하는 능력이 탁월하며, 본능적인 감각이 섬세하게 발달하여 바다의 여러 조건에 대응하는 반응도 빠르다. 물때에 따라 언제 가능성이 큰지 잘 알기 때문에 체력을 비축하기 위해 유난하리만치 넉넉히 쉬는 사람이며, 남들이 지쳐 쉬고 있을 때 홀로 소리없이 물때를 준비하는 사람이다.

항상 채비를 멀리 던지고 멀리 흘려주며, 시작했다 하면 대단한 집중력을 보여준다. 채비를 던지고 거두어들이는 그의 숙련된 행동은 아무리 봐도 범상치 않다. 일거수일투족이 군더더기 없이 깔끔하며, 오직 자신이 노리는 대상어만을 노리며 타어종은 예사롭게 취하질 않는다. 입질이 없어도 포인트를 쉬옮기지 않으며, 자신이 설정한 포인트에서 물고기가 잡혀도, 잡히지 않아도 끝까지 자신의 방법으로 고집스럽게 승부한다.

그는 승부사 기질이 농후한 전형적인 파이터 형이어서, 그의 가방에는 유사시에 쓸 스페어 대가 하나 있지만, 갯바위에서 그가 쓰는 낚싯대는 오직 하나뿐이다. 그의 자리에는 미끼, 밑밥통, 뜰채뿐이어서 언제든 철수할 수 있는 만반의 준비가 갖추어져 있다. 그의 허름한 낚시복과 때가 탄 꼬질꼬질한 모자는 멋 내기 좋아하는 새내기의 눈엔 허름해 보일 수 있으나, 자신의 세계가 워낙 확고하므로 은근한 카리스마를 내뿜는 도구가 되기도 한다.

시간 관리를 잘 하며 항시 유유자적하여 그의 낚시 시간은 짧지만, 오직 자신만의 자리에서 자신의 방법으로 한두 마리의 큰 고기를 잡는 능력이 있어 꾼으로서의 기품도 있다. 지나치게 날렵하고 침착한 성격의 전문가 취향이어서 주변의 사람들에겐 꽤나 부담스럽게 느껴질 수 있는 유형이다.

7. 조신(釣神) / 태백산 도사 형

이런 유형의 사람은 일상에서 만나기 쉽지 않다. 지천으로 경력이 일천한 허풍쟁이와 수다쟁이가 판치는 세상이라, 그의 세계를 잠시라도 들여다 볼 수 있으면 그것도 가문의 영광일 터. 이 경지에 도달한 사람은 어떤 필드에 내려놓아도 큰 고기 한 마리는 잡아낸다. 불과 몇 시간밖에 하질 않았음에도 그의 자리에 띄워진 살림망에는 시커먼 대물 한 놈이 '날 잡아 잡소!'라며 허우적대고 있다.

그는 무엇보다도 장르에 대한 편식이 없으며 어떤 일을 하더라도 거장의 풍모를 잃지 않는다. 상황에 대한 결론을 함부로 내리지 않지만, 어디서든 직감적으로 분석을 끝낸 상태이며, 워낙 말수가 적어 그와 대화를 나누는 게 그저 조심스럽기만 하다. 간혹 평상복으로 동네 낚시터에 출몰하여 잡어낚시 특유의 섬세함과 낭창거리는 스릴을 즐기지만, 난바다에 나가면 오직 한 마리의 대물낚시를 한다.

지형, 조류, 물때 등을 사전에 확인할 필요가 없으며, 하늘과 바다를 쭉 둘러보곤 거의 감각적으로 환경 분석을 끝낸다. 바다의 다양한 변화와 조건을 한눈에 읽으며, 여러 정황으로 볼 때 아니다 싶으면 낚시를 시작한 지 10분 만에 대를 접기도 한다. 동료를 위한 자잘한 봉사에는 느리고 서툴지만, 함께 있는 조우에겐 늘 듬직한 존경의 대상이어서 그를 흠모하는 사람의 가슴을 시도 때도 없이 벌렁거리게 하는 사람이다. 간혹 그에게 다가가 낚시가방에 사인해달라고 하는 젊은 꾼에게 그는 펜을 드는 게 아니라 은근한 미소로 일관한다.

깊은 조력과 연륜에서 배어 나오는, 걸출한 숙련과 상식을 뛰어넘는 듯 흉내 낼 수 없는 그의 여유로움은 아무리 보고 배워도 끝이 없을 정도다. 그의 가방 구석 작은 주머니에 든 순간접착제, 세제, 여분의 주걱, 여분의 톱 가이드는 아무래도 자신을 위한 것이라기보다 경험이 일천한 후배들을 위한 것이라고 보면 맞다. 그가 갯바위에서 휴대용 버너로 지은 밥은 압력밥솥에서 갓 꺼낸 밥을 뺨치며, 그가 끓인 라면은 너무 쫄깃쫄깃하여 무슨 약을 탄 게 아닐까 싶다. 그리고 그의 가방에 든 날렵한 회칼에 몸을 맡긴 고기는 정확히 살과 뼈, 지느러미로 분리된다.

'바람이 센데 채비를 어떻게 하면 좋을까요?'라고 물으면 '어렵겠어, 적당히 해!'라고 대답한다. 말수가 워낙 적어 뭔가를 물어보아도 대답은 늘 동문서답처럼 간결하고 추상적이다. 멀리서 그가 낚시하는 모습을 보자면, 마치 절세의 무공이나 한 편의 예술작품을 감상하는 느낌을 받는다.

입질의 순간, 온몸으로 고기의 저항을 맞이하는 준비된 태도, 그의 왼손 오른손이 하늘을 향해 춤추기 시작하면 한껏 휘어진 대사위에 맞추어 그는 완벽하게 고기와 힘을 겨룬다. 파도를 뒤집어쓰는 거친 상황일지라도 목적했던 대상어 한 마리를 걸기만 하면, '하늘과 파도와 사람'이 일체가 되는, 오줌을 찔끔거릴 정도의 멋진 한바탕 공연을 보게 된다. 그의 내면을 뒤흔드는, 진정한 고수의 욕구를 채우지 못한 고기는 그에게 강제로 입맞춤 당한 후 그의 손에 의해 바다로 되돌아가며, 갯바위에서 그가 뭘 간절히 원하는지 유심히 지켜보아도 도무지 알 수가 없다. 그는 누구에게도 가르치려 하지 않으며, 초보든 중급자든 고수든 주변의 언행을 묵묵히 지켜볼 뿐이다.

무릇 모든 장르의 경지란 게 다 마찬가지겠지만, 입신의 경지인 이런 사람을 만나면 무조건 낮은 포복으로 배우는 게 최고다. 그의 철학과 숙련된 기술, 임기응변, 심지어 어눌한 그의 말씨와 어법조차도.

노파심에서 하는 얘기지만, 이런 사람 앞에서 함부로 깐죽대거나 '내가 옛날에~' 운운하며 경솔하게 번데기 주름 잡으면 큰 실례다. 그는 세상의 운동법칙과 인간에 대한 무한의 연구를 끝낸 도사이기 때문이다. 태백산 도사, 그야 씨익 웃고 말겠지만…^^

식물의 아버지

지난 주말 광주 딸네 집에 잘 자란 식물 몇 종 갖다 주며, 화분 밑에는 나무토막을 괴어 통기성을 높여야 한다, 물을 줄 땐 식물마다 주의 깊게 살펴보고 주어야 한다, 따위의 잔소리를 무지 했는데, 요 재능 넘치는 가시나, 복도 창 아래에 예쁜 화단을 만들어 사진을 보내왔다…♥

좀 뚱뚱하지만 예술적으로 예쁜 내 딸.

내 저 식물의 아버지로서 정녕 기쁘도다…^^

아이스크림

주말이라 밤새 글 쓰고 꼭두새벽에야 잠들어 늦게 일어났다. 서재에서 내려와 주방을 둘러보니 싱크대 위에 흡입이 끝난 대형 아이스크림 상자가 놓여있다.

"잉? 이거 누가 다 먹었어? 내가 먹으려고 했던 건데?"

"아빠, 아침 대용으로 제가 먹었는데요."

막둥이가 뜨악한 표정으로 말했다.

"인마, 그럼 아빠한테 말하고 나누어 먹었어야지!"

"껄껄, 아빠가 겨우 아이스크림 하나로..."

"이 큰 걸 다 먹으며 늙은 아버진 생각도 안 했다는 거잖아. 고생고생 키워놨더니 아주 나쁜 놈이네."

"아빠, 엄마랑 같이 먹었는데요."

"어, 그래? 잘했구나, 뭐든 잘 먹는 게 최고야!"

유흥과 휴식의 경계

최전방에서 만난 사십 년 지기 친구에게서 백양산 산행을 마쳤다며 전화가 와 점심을 함께 먹었다. 아내의 안부로 시작했다가 이야기는 자연스럽게 술로 번졌다. 그는 서부 경남의 깊은 시골 태생으로, 술을 워낙 좋아하는 데다 서면로터리를 나와바리로 하는 보험영업소 소장이라, 온갖 직종의 사람들과 매일 술을 마시는 친구며, 여기저기 아는 사람이 많아 친구들 사이에선 '대발이'로 통한다.

"어이, 일급 술고래도 산에 오르는구나!"

"촌뜨기처럼 와 그라노? 난 일주일에 하루는 등산하거든."

"대발아, 매일 그리 마시는데 건강은 괜찮아?"

"괜찮긴, 속은 다 썩었어. 알코올성 지방간에 콜레스테롤, 비만, 통풍, 당뇨, 혈압, 완전 종합병원이야."

"난 통풍과 당뇨로 술 끊은 지 꽤 지났어. 우린 사는 환경과 방식이 다른데 증세는 완전 닮은 세트구먼."

"요새 좀 심각해."

"대발아, 술 마시는 횟수를 반으로 줄여. 안 그러면 너 자다가 훅 가는 수 있다. 병풍 뒤에 누워 콤콤한 향냄새 함 맡아볼래?“

"지랄! 그러잖아도 요샌 심장도 쿵쿵 뛰고 발도 저리고 씨바! 백병원에 좋은 의사 있음 소개 좀 해주라."

"가보겠다 하면 소개해주지. 그나저나 니 매일 술 마시는 거

그거 반민중적이니까, 끊진 못하더라도 꼭 반으로 줄이도록 해."

"내가 와 반민중적이고? 노래방, 국밥집, 단란주점, 포장마차, 소주방, 고래고깃집, 횟집 할 것 없이 서면 바닥 술집은 내가 다 먹여 살리고 있구마는."

"아주 지랄을 해라, 너로 인해 매일 튀어나오는 나와바리 민중의 술배, 너로 인해 생산되는 수많은 뒷담화의 반민중성, 너로 인해 유흥과 휴식의 경계를 까먹게 해 집집이 평화를 위협하고 사회를 불안하게 한 점, 지나는 젊은이에게 휘청거리는 꼰대 꼬라지에 민중의 캄캄한 미래를 보여준 점, 또..."

"고마 해라, 이 무식한 촌뜨기 시인 니기미야! 유흥과 휴식의 경계라니... 크, 생각할수록 웃겨! 그라고 내가 우째서 민중의 캄캄한 미래고? 킥킥~"

헤어지면서 친구의 육중한 배를 톡톡 두드리며 나지막이 속삭여주었다.

"야 임마, 유흥과 휴식의 경계, 명심해."

"싫거등, 니기미야!"

얼핏 봐서 전보다 굵어진 것 같아, 모다 돌릴 때 살짝 굵기를 물어보니, 헐! 나보다 손가락 하나는 더 가늘었...ㅠㅠ

Long time no see!

뜬금없이 페book으로부터, 'Discovery of 활동정지'라는 기습적이고 gentle한 충고를 듣고, 빠다향의 Amazing & secret taste를 만끽했다. long time 씩씩대다가 one은 English로, two는 Korean language로, 그들의 고객센터와 한국 Branch에 쥐 in my brain 상태로 strong protest했다. But 그들은 no answer로 일관했다. to me.

지난 six years 거의 매일 posted 난 화가 났다. to me & 페book.

from 미군부대 뒷구멍의 Made in USA 깡통 milk powder를 먹고 자란, 쪼쿰 pure & beautiful wife랑 결혼한 후, 평생 미제 milk powder를 찬양해온 나를 그들은 대놓고 perfectly dog무시했다.

어이, 나 이래봬도 New left 뚱땡이들의 party 헷또(head)거든. of Korea, 니gimi~!

아는 영어 총동원했다. 씨bal...ㅠㅠ

* 쥐 in my brain / 대가리 쥐내리고

공기청정기

광주 딸아이에게서 전화가 왔다.

"아빠, 미세먼지가 심해 공기청정기 하나 보냈어요."

"응?! 비쌀 텐데."

"아니에요. 요즘 부산에도 미세먼지가 심하다고 하네요. 어제 보냈으니 오늘 도착할 거예요. 잘 쓰시고요."

"고맙다. 매일 너희가 보낸 맑은 공기 쐬며 맑고 투명한 정신으로 너희들 건강하고 행복하게 잘 살길 바랄게."

"아빠, 모다 돌릴 생각하지 마시고요. 바빠서 끊을게요."

"이런, 가시나!"

뚜 뚜 뚜...@"@;;

물건 받자마자 설치를 마치고, 용량 큰 박스와 스티로폼 뒷간에서 분리하다가 벽에 머리를 찧어 비명을 질렀다.

"아야!"

"오빠, 괜찮아요?"

"응, 머리가 돌이라 이 정도로는."

"투명한 정신 금간 거 아녜요? 호호호~"

통곡의 기도

다음 주 화요일 제대하는 막둥이에게서 전화가 와 엄마의 상태를 모두 얘기했다. 중대장님께 귀가를 이틀 앞당겨 집에서 제대하는 문제를 의논하면서 중환자실의 상황을 소상히 말씀드렸고, 내일 부대장님께 건의해보시겠다고 하셨단다.

사경을 헤매는 엄마가 막둥이의 목소리를 듣고 생명의 투지를 불태우는 기적을 보고 싶다.

"오늘 밤은 엄마를 위해 꼭 기도하고 자거라."라고 당부하고 전화를 끊고 나니 하염없이 눈물이 흐른다.

아무도 없는 집, 응급실로 가며 흐트러진 현관과 거실을 깨끗하게 정돈하고 화분에 물 주는 일과 가벼운 설거지, 통에 담긴 빨랫감과 음식쓰레기 정리까지 마치고 새 옷으로 갈아입었다.

촛불을 밝히고 기도처에 앉아 기나긴 통곡의 기도를 했다.

단 한 순간도 포기하지 않을 테니 주님 제 아내 헬레나를 깨워주세요...()...

생명의 신호

아내를 위해 기도해주신 벗님들과 동지들, 기도 고맙습니다. 아내는 현재 코마 상태로 여러 기계를 달고 백병원 중환자실에서 생과 사의 갈림길에 서 있습니다. 중환자실 담당의는 내일까지가 중요한 고비가 될 것이라고 합니다.

저녁엔 걸레질도 하고 아내의 옷을 세탁해 건조대에 늘며 혼자 펑펑 울고 있으니, 부대장님의 허락으로 집에 온 막둥이가 세탁실에 들어와 "아빠, 가장이 그리 울면 꼬추 떨어져."라고 해 잠시 위로를 받습니다.

아, 눈물의 시간을 거슬러 우리 가족은 희망의 끈을 붙들고 열심히 기도합니다. 내일 연휴 지나 출근하실 주치의 쌤께 보여드릴 보호자 관찰기록을 편지글로 쓰고 자리에 눕습니다.

사랑의 주님, 내일 아침 면회 시간엔 막둥이의 목소리를 들은 아내에게서 눈곱만큼이라도 생명의 신호를 느낄 수 있게 해주세요...()...

운동화 끈

저녁 면회 마치고 돌아와 기쁨의 글 올립니다. 생명의 기운을 전혀 포착할 수 없었던 며칠간의 피 말리는 시간을 보내고, 중환자실 담당의도 시간을 더 끌면 위험하다며 월 화요일이 고비라 했는데, 주치의 쌤 다녀가신 후 엊저녁부터 눈꺼풀을 움직이며 반눈을 겨우 떴습니다. 오늘 아침부터 서서히 의식이 돌아와 오후엔 기도삽관을 제거하고 잠깐의 호흡 연습도 했다고 합니다. 여전히 여러 장치와 줄이 여기저기 주렁주렁 매달려 있으나 혈액, 혈압, 체온 관리도 무리 없이 되는 데다, 삽관 제거 후 일정시간 말을 할 순 없다지만 "아, 이제 됐구나!" 싶은 마음이 들어 조금 여유가 생깁니다.

일차로 면회하고 나온 막둥이가 방호복을 벗으며 "아빠, 엄마 얼굴이 돌아왔어요!"라고 하는데, 너무 고마워 눈물이 주르르 흘렀습니다. 잠깐씩 올리는 중환자실 일기에 함께 안타까워하며 위로해주신 벗님들 고맙습니다. 감사 기도하느라 면회 시간을 5분이나 넘겨 쫓기듯 중환자실을 나왔지만 진심으로 기뻤습니다. 이제 사위가 선물로 보내온 운동화의 끈을 묶을 수 있겠네요.

매일 진지하게 아내의 치유를 기도해주신 분들, 두상 큰 제가 다 기억하니 나중에 만나게 되면, 오른쪽 왼쪽 뺨에 각 2초씩 뽀뽀해드린 후 돼지 수육도 한 접시씩 대접하겠습니다...^^

면회

오늘 중환자실 저녁 면회는 조금 들뜬 마음이었습니다. 아침 저녁 5~10분 정도 아내를 만나는 일, 기도삽관을 제거한 후 이제 귀 가까이 입을 대고 속삭이는 대화라도 어떤 형태로든 소통이 가능하다는 게 기뻤습니다. 수련 중인 간호학과 학생이와 아내 얼굴을 가볍게 씻기고 누운 채 머리를 감겨주었다는데, 여고생처럼 양 갈래로 머리를 땋아 그런지 정말 예뻤습니다.

내일 아침 면회 시간엔 요플레를 아주 조금 먹여볼 텐데, 오물쪼물 잘 받아먹어주면 좋겠습니다.

그지없이 감사하고 평화로운 밤...♥

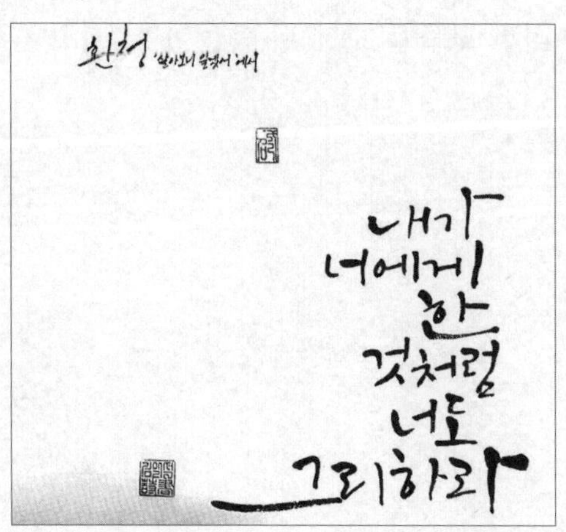

절망과 위로

바나나를 으깨어 입에 넣어줘도, 좋아하는 바나나 우유에 빨대를 꽂아줘도 전혀 못 먹던 아내, 막둥이가 주니 미세한 힘으로 빨아들인다. 그러다 보니 20분의 면회는 막둥이가 주인공이고 난 5분짜리 기도전문 엑스트라로 전락했다. 눈곱만큼이라도 속에 넣어야 하고, 기필코 중환자실을 나가야 하니 어쩔 수 없는 일.

밤새 항문을 통한 출혈이 심했던 탓에 혈액 주사까지 달아야 했는데, 오늘 대장 내시경 결과에 대한 설명을 들으니 적이 안심이 된다. 시간과 인내의 싸움이지만, 하나하나씩의 문제가 해결되고 있어 기쁘다.

막둥이랑 돼지국밥 한 그릇 먹고 집으로 터벅터벅 걸어 돌아오는 시간, 인간의 절망과 위로에 관해 진지한 대화를 나눌 수 있었고, 이 모든 게 감사하고 감사한 일이다.

엄마가 무너진 모습을 보게 된 아들이 더 넓고 깊어지길.

눈곱만큼의 평화

생사를 다투는 중환자실에서 드디어 집중치료실로 내려왔다. 아내의 의식은 조금씩 명료해지기 시작했고, 이곳에서 지내는 동안 몸에 달린 여러 장치를 제거하게 될 것이다. 오늘은 두 번째 대장내시경을 했고 장 폐색을 예방하는 내과적 치료와 관장으로 기저귀를 스무 번 이상 갈며 바쁜 시간을 보냈다. 그리고 모처럼 막둥이에게 보호자의 책무를 맡기고 집으로 와, 일상의 정리할 것들 정리하고 자판 앞에 앉으니 참으로 정신없는 시간이 흘렀구나 싶다.

엄마의 불편한 몸을 온전히 살피고 돕는 일을 경험하는 막둥이, 그 어떤 부모봉양학보다 온몸으로 배우는 현장실습일 것이다.

혼절할 시간을 보내며 놓치거나 미뤄둔 일감들, 일일이 순서를 정해 책상 위에 늘어놓고 글 쓰는 일에 몰두하고 있자니 이제야 비로소 난 평화로워졌다. 하느님, 고맙습니다...()...

어느 영감님

내과 심혈관계 중환자실 면회시간 중 있었던 일이다. 전체 허용 시간은 20분, 한 사람씩 4분이면 네 사람 정도 교대 면회가 가능하다. 비닐 방호복 입고 마스크, 손 소독과 장갑 착용 시간 빼면 한 사람에 3~4분 정도의 시간이다. 중환자실은 감염 관리를 위해 이중문으로 되어 있는데, 1차로 가족 중 한 사람씩 들어가면 환자들 공간을 차단하는 속문이 절로 닫힌다.

오늘 키가 크고 바싹 마른 영감님 한 분이 속문이 닫히지 않도록 계속 버튼을 누르고 있었다. 영감님 탓에 중환자실이 백 명 가까운 번잡한 면회 대기자들의 소란에 노출되었다. 간호사가 나와 문을 닫아야 하는 이유를 설명하며 영감님께 버튼을 누르지 말라고 얘길 해도 "아, 괜찮아. 이십 분인데 뭘."이라며 고집스럽게 버튼을 누르고 있었다. 몇 번을 얘기해도 듣지 않자 담당의사가 나와 공기 감염을 예방하기 위해 만든 이중구조의 문이며, 환자 공간의 문은 꼭 닫아야 한다고 설명했음에도 영감의 고집은 여전했다.

저 나이 되도록 저 극도의 이기와 고집에 주변 사람들 얼마나 피눈물 나게 했을까 생각하며 그 얼굴에 덕지덕지한 파시즘에 질렸다. 아니나 다를까, 같이 오신 할머니를 대하는 말투나 행동은 노예 앞의 봉건 영주였고, 할머니는 말 한마디 없이 남편의 패악질을 못 본 척 고개 숙이고 있었다. 중환자실만 아니면 그 영감님 틀림없이 면회객 중 누군가와 싸웠을 텐데, 생사를 다투는 중환자실인지라 모두 입을 다물고 그 상황을 인내하고 있었다.

상담할 때도 저런 영감님이 꼭 있다. 자기를 특별히 대우하지 않으면 꼭 '내가 낸데', '내가 옛날에 말이야' 식의 고집으로 일관하는 노추(老醜), 저 영감님이 살면서 주변 사람들에게 쏟아냈을 무수한 옳은 말과 강제, 훈계와 도덕, '요즘 젊은것들은'이 떠올라 성부와 성자와 성령이 하다가도 브레이크가 걸렸다.

내가 줄기차게 옳은 말만 계속하거나 자기 확신에 넘치는 사람을 경계하는 이유다. 그의 오랜 친구들이나 함께 살 비비며 살아온 가족의 얘길 듣기 전까진.

엄마의 부재

빗속에 광주에서 딸아이 내외가 와 모처럼 맛난 회를 먹었다. 겨우 남은 어금니 하나로 살점을 일일이 선별해 3배속으로 씹어야 했지만, 강철 식도와 위장을 믿고 삼키니 모든 생선뼈가 내 앞에 쌓였고, 사위는 늙수그레한 장인의 식성에 기함했…^^

집으로 와 내가 만든 냉커피를 앞에 두고, 아이들의 성장기 추억과 인생을 두런두런 나누는 시간, 엄마의 부재가 마음 아팠지만, 우린 사랑의 전사들처럼 서로 위로하며 마음껏 웃었다.

내일 중환자실 아침 면회를 마친 후 함께 밥 먹고 돌아갈 아이들, 너희가 이리 살아주니 참 고맙구나.

전투적인 집중

버터 냄새 물씬한 말만 찾아서 뱉는 고상한 주둥이가 싫다. 신경증에 시달리며 밥상 술상에서 깨작거리는 왕갈비 시인들도 싫다. 끊임없이 주류의 옆구리 쿡쿡 찌르며 그 경계 들락이는 사람도 싫다. 술 취한 변덕쟁이, 쪼잔이 산만이들은 딱 질색이다. 그저 일상에 열심인, 전투적인 집중이 좋다.

어젯밤 마트에 가서 화끈하게 고기 15인분 사서 먹기 좋게 3인분씩 돌돌 말아 냉장고에 넣었다.

'내 아가리로 오라, 핏물 비치는 발그레한 살이여!'

병실에서

십수 명의 환자와 보호자가 나누는 오지랖 넓은 얘기들을 비좁은 병실에선 원치 않아도 다 듣게 된다. 넘치는 건강 정보, 시부모 남편 며느리 흉보기, 상속 관련 재산 다툼, 똑똑하고 효심 깊다는 아들딸 자랑, 사고와 보험 보상 이야기, 이리 사느니 죽는 게 낫다면서도 의사나 간호사만 보면 매사 따지는 노인들, 아마도 '인간의 욕망'을 주제로 사시사철 이야기를 들을 수 있는 곳은 병실이 유일할 것이다.

아픈 아내랑 살면서 오랜 세월 병실을 통해 지켜본 사람들의 '마음의 움직임'은 상담 사례들보다 적나라하다. SNS를 아예 모르고 살다가 몇 해 전 우연히 페북을 시작하면서부터, 수많은 사람의 일상과 그 마음의 움직임을 동시다발적으로 보고 느끼게 된 건 매우 흥미로운 일이었다.

페북 안의 다양한 삶의 모습들, 무시로 신경증이 도져 시시콜콜 까탈스러운 예측 불가의 럭비공 같은 사람도, 광장이 상징하는 주류 자유주의자들의 익숙한 구호와 행보도, 일세를 풍미했던 사회과학의 언어에 매몰되어 퍼들퍼들한 생명의 언어를 잃어버린 지식인도, 사랑하지 않고도 협소한 현실에 맞추어 결혼했다가 아이들 다 키우곤 뒤늦게 후회하는 사람도, 하릴없이 여기저기 쏘다니며 폼 잡는 데에 능한 부유성(浮遊性) 인간도, 아들딸 낳고 잘 살다가도 틈만 나면 어디로 튀고 싶은 충동에 시달리는 사람도, 사랑, 증오, 행복, 불행, 대화, 불통, 개인,

가족, 사회, 무관심을 난독과 부독의 경계를 넘나들며 매일 토하는, 그늘에 젖은 사람도.

페북을 통해 가족관계나 성장기 아이들 문제로 상담한 분이 여럿 되는데, 서로를 바라보며 하는 대화가 아니라 손가락으로 두드려 일일이 마음을 주고받자 하니 속에 천불이 날 듯해 요즘은 좀 시들해졌다. 그나저나 타임라인 프로필에 '자유로운 연애 중'이라는 분들, 현재 어떤 상태의 연애 중인지 참 궁금하다.

아무튼, 내 신랑 각시보다 훨씬 잘 생기고, 뭘 입어도 태가 나며 교양 넘치고 우아하며, 돈 잘 벌고 취미 고상하고 언제나 성실한 것 같고, 게다가 민주투사이기까지 한 사람들이 페북에 많다 해서, 내 신랑 각시가 부쩍 못생기고 무능한 보수주의자 같고, 그래서 마음이 흔들리고 뜬금없이 헤어지고 싶거나 결혼이 후회된다면, 그만 페북 계정을 폭파하고 신랑 각시, 얼라들이랑 지지고 볶으며 열심히 사는 게 역사 발전에 도움이 되지 않겠나, 생각한다.

자기결정권

온라인 커뮤니티에서 장애인 부부의 출산 문제로 논쟁하는 걸 보았는데, 거기나 페북이나 '자기 결정권'에 대해 무지한 사람이 참 많다. 그 대상이 논쟁의 사례처럼 한 가족의 문제든, 이북의 권력 문제든, 소통하는 정도가 다른 페친의 문제든, 오랜 세월 사겨온 친구든 마찬가지다.

어떤 개인이나 집단의 '자기 결정권'을 침해하는 언어를 쓰는 사람들, 얼핏 엄밀한 원칙과 운동, 삶의 태도를 이야기하는 것 같지만, 거의 협소한 이기적 사유나 물화한 경험주의로 보인다. 가랑비에 옷 젖듯, 이 체제가 끊임없이 조장하고 생산하는 기득권에 알게 모르게 동의하고, 거기에 주저앉으려는 자신을 추동하려는 노력과 책임을 놓친 경우일 것이다.

교육, 의료, 주거뿐 아니라 가족, 휴식, 여성, 노동, 사랑, 종교, 예술 등 모든 문제를 이 체제를 이끄는 주류의 시선으로 보아선, 개인이든 집단이든 참다운 진보는 무망하다. 체제에 동의하고 길든 다수의 힘으로 소수를 겁박하고 가르치려는 게 민주주의라면, 민주주의는 민중의 고혈을 빠는 욕망의 시스템에 불과하다.

민주주의

어느 놈이 민주주의가 다수결이라 가르쳤어?

어느 놈이 시냇물이 흘러 바다로 간다 한 거야?
오천만 명 중
단 한 사람이 곡기를 끊고 울부짖을 때
49.999.999명이 함께 울며
눈물 나누는 게 민주주의야
이 땅은 눈물의 세포들이 일군 곳이거든

'동의'와 '저항'이 충돌하는 모든 지점마다, 철저히 바닥에 시선을 두고 세상을 바라보고 해석하는 것이 민중사관이다. 체제에서 소외되거나 추락한 소수의 등을 다수가 일제히 떠받치려고 할 때 고양되고 폭발하는 변혁의 지향성, 정확히 민중의 동력은 그 지점에서 발화한다.

급진적인 언어로 현실을 해석하는 능력을 가진 사람임에도 정작 도시빈민, 성 소수자, 여성, 장애인 문제에 이르면 자유주의자 특유의 언어와 권력의 언어를 쓰는 사람이 있다. 언어는 의식과 생활의 반영이라는 점에서, 그는 진보의 생태적 의미에 일상의 삶을 통해 무지한 상태가 되었거나, 또는 기득권에 동의하거나 암묵적으로 체제를 지지하는 보수적인 토대에서 인식하고 발언하는 사람이다.

'빈민은 근본이 게으르고 노동 의지가 부족한 사람이야.'라고 하는 표현에는 이 체제에서 도시빈민이 어떻게 양산되는지, 경제적 토대와 기득권이 어떻게 대물림하는지에 관한 무지의 표현이다. 노동자를 굳이 근로자라고 부르는 데에는 호칭의 정치적 의미를 왜곡하고 가리려는 체제 순응의 의도를 내포하듯.

'홈리스를 위한 인문학교실'에 참여한 사람들 중에는, 어릴 적 남의 집 머슴살이, 혹은 고아원에서 시작해 학교 문턱에도 가보지 못한 문맹의 상태로, 평생 몸뚱어리를 굴리며 산 사람이 많았다. 홈리스의 비참한 현실을 단지 게으르거나 노동 의지가 없어서라고 보는 시선은 매우 폭력적이며 반인간적이다. 장애인을 비하하는 병신과 같은 언어, 가난한 이를 루저라고 하거나 성 소수자를 향해 호모니 변태니 하는 언어에도 인간 고유의 '자기 결정권'을 조롱하는, 체제 순응의 사유가 숨어 있다.

월경(越境)의 노림수

옆집 처녀 총각의 시시콜콜한 하루를 참견하는 것도 모자라 끝없이 음해하는 불경(不敬)의 태도, 그걸 볼 사람 허락도 없이 전국에 생중계하는 전위 나팔수들의 월경의 신경증, 그 구렁이 같이 주제넘거나 예의 없는, 권력의 비릿한 음모를 감춘 신호등

골고루 가난하며 적당히 행복한 나라 쿠바, 60년이 넘도록 굳건한 그들만의 체제는 쿠바 민중의 선택이며 중남미의 전통이다. 마찬가

지로, 제발 개인이든 집단이든, 남이든 북이든, 니 차 내 차, 느거 집 우리 집 서로 월경하지 말고, 빵빵거리지 말고, 애꿎게 옆구리 쿡쿡 찌르지 말자.

좀 더 기다리기
자리 비켜주기
말없이 가만히 있기
차 앞유리에 써 붙인 연락처
매직으로 잘 보이게 써놓기
그리고
권력이 아닌 것엔
경적금지!

나는 당신에게
당신은 나에게
동의 없는 내정 간섭 금지
초대 금지, 좋아요 강요 금지
오케이? 날 뚱뚱하다고 놀리기 없기
니 몸은 니 꺼, 내 몸은 내 꺼
오케이?

수호천사 축일

퍼붓는 비바람을 뚫고 아내를 부축해 저녁 미사에 갔더니 몇 분 안 오셨다. 주차장에서 본당 현관까지 불과 이삼십 미터 걷는데 온몸이 흠뻑 젖었다. 오늘 수호천사 축일의 짧은 미사 강론은 유난히 가슴에 박혔다.

미사 마친 후 살아서 돌아온 아내를 축하한다, 시며 난데없이 마이크를 잡게 해, 얼떨결에 "한마음으로 기도해주셔서 감사합니다."라고 말하는데 그냥 눈물이 주르르 흘러내렸다.

본당 단톡방에서 아내의 회복을 위해 매일 기도해주신 분들이 생각나, 일일이 자리를 돌며 감사 인사와 함께 준비해간 떡 한 조각씩 두 손으로 전해드렸다. 양말까지 젖어 움직임이 불편하고 뒤뚱거렸지만, 집으로 돌아오는 길 우리 두 사람은 기뻐 어찌할 줄 모르는 어린아이의 마음이 되었다...♥

동창회 유감

아니, 같은 시기, 같은 학년, 같은 반, 같은 책상을 쓴 짝지도 아니고, 뜻과 이념을 함께한 서클 동기도 아니고, 그렇다고 콩 한 쪽 계란 후라이를 눈물로 나눠 먹었다거나, 꼬랑내 나는 양말도 안 벗고 한 이불 덮고 잤다는 도바리의 전설 하나 없이, 그저 같은 학교를 졸업했다는 것만으로 유독 친밀한 사이를 뽐내는 걸 보면 좀 우습다. (사실은 많이^^)

몇 해 전 깔삼한 호텔 대연회장에서 열린 동창회에 어찌어찌 친구랑 가게 되었는데, 마이크 쥔 놈과 호명된 놈들의 면면을 보니 죄다 고위직에 오르거나 기업 오너들이었다. 덕분에 좋아하는 노래 '인연'과 '아름다운 강산'을 열창한 가수 이선희를 코앞에서 봤지만...^^

체제가 만드는 또 다른 문화, 확실한 출세주의자들의 신분잔치가 된 동창회, 존경하는 선생님의 글을 읽다가 문득 그때의 씁쓸한 풍경을 떠올렸다.

민중 소외를 조장하는 모든 동창회를 거부하라! (아, 장터 같은 시골의 초등학교 동창회는 특별히 빼줌^^)

* 도바리 / '수배자'를 이르는 은어.

정전과 상담원

갑자기 정전되어 한전을 거쳐 전기안전공사에 긴급 전화를 했다. 상담원이 코드와 가전제품을 모두 분리하고 스위치를 올려보라고 하는 말에 그 절차가 복잡해 공연한 투정을 했다. 전화를 끊고 하라는 대로 코드를 일일이 뽑고 두꺼비집 스위치를 올리니 괜찮아졌다. 짐작건대 베란다의 식물 물 주다 선풍기가 꽂힌 콘센트에 물이 들어간 듯했다. 다시 전기안전공사에 전화해 불편하다는 이유로 다소 무례하게 대한 것 같아 죄송하다고 사과했다.

사과하고 나니 상담원의 목소리가 한결 밝아졌다.

휴일임에도 고생하신다는 걸 깜빡했네요. 고맙습니다...^^

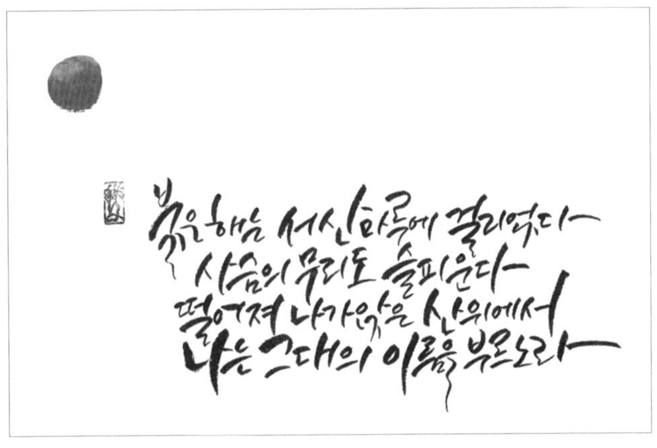

기자 간담회

새벽 2시 30분, 자리에 누우려고 파일을 정리하고 있는데, 막둥이가 서재로 불쑥 들어오더니 "아빠, 우리나라 기자들 진짜 형편없네요."라고 했다.

"너 자는 줄 알았는데 안 잤어?"

"톡으로 실시간 기자 간담회 봤는데 이제 끝났어요."

"새끼들 이 시간까지 안 자고 뭔 지랄들이고."

"아빠, 언론사 기자들 수준 보니 완전 한숨 나오네요."

"그렇제, 우리나라에 언론이랄 게 있나, 다 대형 지업사 폐지 담당 마케팅 요원들이지."

"정말 한심해요, 이제 자러 갈게요."

"그래라, 우리 미남."

아침 뉴스를 보니 국회에서의 기자간담회는 국회의 인사청문회 권한을 침해한 거라며 생난리네.

아이쿠, 그러세요? 등 따시고 배부른 어의도 되지 세끼 님들.

느거들 권한은 사사건건, 끊임없이, 집요하게 침해해야 한다고 생각해요. 안 그래요? 니기미!

얼렁뚱땅 뚱땡이

뭘 해도 얼렁뚱땅 대충하는 뚱땡이 친구가 있다. 쪼쿰 산만하고 쪼쿰 사차원인데, 기질적으로 한 가지 일을 오래 못해 평생 온갖 직업을 전전하며 살아온 친구다. 최근 트럭 채소행상을 한 2년 하더니, 지금은 처가 운영하는 금정구 어드메 작은 횟집에서 빨간 파리채 들고 왔다 갔다 하다가, 가끔은 기원에도 다니며 적당히 무료하게, 적당히 폼 나게 산다.

이 친구에게 바다낚시와 바둑을 10년 넘게 가르쳤음에도 낚시는 여전히 초짜 스타일이고, 그리 기원을 들락거려도 바둑은 겨우 8급 내외, 탐구심도 집중력도 약한 편이라 아마 최고의 결과치일 것이다. 오락을 해서 그런지 컴과 타자에 능한 편인데, 작은 텍스트 일감 하나 만들어주면, 늘 기한의 막판에 아슬아슬하게 마치는 데다 오류가 많아 뒷손이 많이 간다. 어쩌다 술만 좀 들어가면 어쭙잖은 내용임에도 '중요한 것은~', '원칙적으로~'라며 때깔 씌우기가 만만찮은 친구다.

비넨가, 지넨가 '정신적 기아'를 설명하며, 게으름의 근원을 상세히 기술하고 있는데, 그 사례가 친구랑 흡사하다. 소소한 일로 삐치면 전화해도 안 받고, 한참을 무시하다가도 다시 만나면 아무렇지 않은, 뒤끝 없는 친구다. 딱 하나, 베짱이처럼 노래하는 실력과 감각은 거의 예술적이다. 친구의 애창곡은 김수철, 사월과 오월, 시인과 촌장이고, 나는 JK김동욱, 임재범,

더원이다.

가끔 만나면 기분 좋아지라고 친구 귀에다 대고 "주님, 노래 잘하는 놈을 친구로 보내주셔서 고맙습니다. 아멘!"이라고 속삭이고 성호를 그으면, 이 친구 불쑥 지갑을 꺼내 노래방 카운터에 신용카드를 건네기도 한다. 일 년에 겨우 한두 번이지만, 친구랑 노래방 가면 우린 급 행복해진다. 카수 돼지 두 마리 드디어 금요일 저녁에 노래방 가기로 했다. 모두 한가위 연휴 행복하게 보내시고요...♥

그 삐아리 소식

오랜 세월 아이들의 비밀에 환호하며 희로애락을 함께 했던 동지이자 선배이신 선생님께 전화했다. 내가 들꽃어린이집 운영할 때 몇 년에 걸쳐 집중해 세상에 내놓았던, 방대한 출판물 '이론과 실천'의 연수를 주관하신 분으로, 이제 일흔이신 퇴역 유치원 원장님이시다.

"아이구, 선생님아! 어뎅교? 울산이가?"

"오랜만임더. 월요일 시간 되시면 같이 점심 드실람미꺼?"

"아, 좋지. 선생님은 요새 우째 사시능교?"

"아픈 아내랑 하루하루 요롱소리나게 삼미더."

"아이구 참말로! 내사 마 그 삐아리 소식은 늘 안타깝구마."

보고 싶은 사람을 만나는 설렘 탓일까, 오랜만에 듣는 변함없는 억양과 사투리에 둘 다 빵 터졌다.

* 삐아리 / 보통 '병아리'의 방언으로 쓰나, 동부경남 쪽에선 '지역', '동네', '마을', '익숙한 구역'이란 뜻으로도 쓴다.

선거

오랜 시간 잘 알고 지낸 두 사람, 선거 준비하느라 요즘 정신이 하나도 없다. 한 사람은 총선만 두 번째인 동생이고 한 사람은 지역의 온갖 선거에 경력 30년쯤 되는 형님이다. 단순 소박하게 사는 일을 일찌감치 포기한 두 사람. 드물게 지방 뉴스에 등장하는 둘의 얼굴을 보면 늘 행사 중이고 웃는 얼굴이다.

매일 삶을 쥐어짜는 저 불굴의 정신. 저 뜨거움으로 뭘 해도 아름다울 텐데, 승리하지 않으면 즉시 초기화되고 비참해지는 선거. 오랜만에 전화해 목소리 들으니 전장에 나가는 장수가 따로 없다. 승리할 확률은 30프로 채 안 된다.

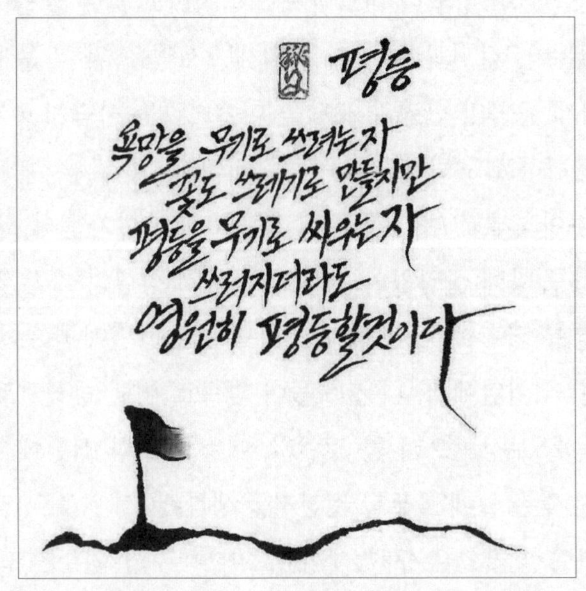

뻥치지 마

삼 대째 큰 부자이고 독실한 개신교 신자이며 지역의 내로라하는 토호인 한 제자 부모의 식사 초대를 받았다. 근사한 식당에 앉아 교육 전반의 이야기를 나누는 중에, 지나치게 훈육적인 태도로 일관하는 학부모님께 나는 이른바, 신앙인들의 '청교도적 시선'을 지적하며 진지하게 논쟁한 기억을 떠올리며 이 글을 쓴다. 그 학부모는 신대륙에 정착한 청교도의 청빈과 성실한 생활 태도를 예찬했고, 난 아메리카 원주민을 향한 백인의 폭력과 지배 구조를 묵인하면서 말하는 청빈과 성실은, 인간의 본성을 왜곡하는 폭력의 또 다른 형태라고 말했다.

이제 선거철이 되니 너도나도 도덕적이고 옳은 말만 하기로 작정했는지, 걸핏하면 '국민을 위해', '서민을 위해' 운운한다. 지나치게 공공의 안녕과 도덕을 이야기하는 사람치고 실제의 삶이 안녕하고 도덕적일 가능성은 거의 없다.

이른 아침부터 매연 풀풀 날리는 로터리 한가운데 서서, 오가는 차를 향해 끊임없이 고개 숙이는 저 성실의 기만, 뜬금없이 시장통 좌판에 앉아 돼지국밥 먹으며 만면에 미소 머금은 저 청빈의 기만에서, 나는 저들이 앞으로 어떤 방식으로 지금의 고생을 보상받으려 할 것인지, 어떤 개인과 집단에 충성하며 본전 찾는 일에 몰두할 것인지를 생각했다.

누구랑 살았고 누구랑 헤어졌으며, 누구랑 원수가 되고 친구가 되었는지, 밤마다 잠을 잤는지 사기를 쳤는지 아무것도 알 수 없는 선거, 그때 왜 그랬느냐고, 그때 왜 미국으로 갔느냐고, 거기서 뭐 하고 지냈느냐고, 그때 왜 이혼했느냐고, 그때 왜 자식들을 모르는 체했느냐고, 그때 했던 약속을 왜 지키지 않았느냐고, 묻고 싶어도 답을 들을 수 없는 선거. 체제가 만들어놓은 온갖 특혜, 달콤한 부스러기 권력의 유혹, 거대한 반민중의 정치 쇼, 나는 대체로 이런 냉소적 언어로 선거를 규정하고 있다.

당신, 제발이지 너무 많은 걸 할 수 있다고 뻥치지 마!

소변과 소변 사이

오후 5시 30분쯤 저녁을 먹은 후 후다닥 소변을 보게 하고(수술환자 화장실 오가는 절차 엄청 복잡함ㅠㅠ), 7시 창원 어린이집 강연, 부리나케 달렸다. 옆 병실 간병인 이모에게 자기 전 10시 전후 소변보는 일 한 번 도와달라고 부탁해두었으니, 나는 새벽 5~6시 첫 소변 시간까지 병실로 돌아오면 되었다.

빌어먹을! 네비는 동창원으로 나간 후 국도 코스였는데, 막상 동마산으로 나가 우회전하니 바로 팔용동이구먼. 아슬아슬하게 강연장 도착, '성장의 비밀'이란 주제로 성장기 일탈 행동과 일상생활에 관한 부모교육을 진행했다. 강의 평가지엔 생활 중심이어서 좋았다, 라는 평가가 많아 위로가 되었다. 물리치료, 인문학 수업까지 마치고 갔던 터라 다 마치니 긴장이 풀려 피곤이 엄습했다.

내려오는 길, 두어 번 비몽사몽간에 달리다 진영휴게소에서 시트 젖히고 누웠는데, 얼마나 깊이 곯아떨어졌는지 어깨가 서늘해 깨어보니 새벽 4시였다. 맙소사! 냄비우동 하나 폭풍 흡입하고, 첫 소변 시간까지 도착하려고 요롱소리 나게 달렸다.

병실에 도착하니 부스스 눈 뜨는 아내, "여보, 오줌 마려워요."

아, 어려서 무당 옆집에 산 게 이제야 신령한 기운이!

겨우 첫 오줌 미션을 수행하고 폰을 열었더니 문자가 와 있다. 우리 식구들 이번 달 통신비로 딱 맞는 금액의 입금, 내 삶에 신이 개입하고 있다는 증거였...@“@;;

목욕탕에서

이발하고 목욕탕 갔더니 탕 안에 발만 담근 채 태연히 폰을 만지는 중년남자가 있었다. 카메라 무음모드 앱만 깔면 그가 사진을 찍는지 게임 중인지 영상을 찍는지 알 수 없는 일. 혹여 아름다운 내 배의 융기와 궁둥이의 침강, 소박한 돼지의 곡선미를 찍을지도 모른다는 생각에 기둥 뒤 구석자리로 가서 씻는데, 그는 아무렇지도 않은 듯 폰 화면을 보며 여기저기 옮겨 다녔다. 난 불쾌한 감정이 스멀스멀 올라와 탈의실로 나가 목욕탕 사장에게 일렀다. 사장은 목욕탕 곳곳에 '휴대폰 반입 사용금지'라고 여덟 장이나 붙여두었다며, 바로 탕으로 들어가더니 눈이 있니 없니, 경찰을 부르겠다, 큰소리로 난리를 쳤다. 목욕탕 사장의 기습에 머쓱한 표정으로 쫓기듯 밖으로 나온 남자의 태도로 보아 영상이든 사진이든, 뭔가 찍지 않았을까 싶어 한 마디 거들었다.

"아저씨, 욕탕 안에 사진기 들고 들어오는 사람 처음 봅니다. 그러시면 안 됩니다."

"이거 전화긴데요?"

난 한손으로 깍두기 머리를 뒤로 천천히 쓸어 넘기며 위압적인 목소리로 낮게 깔며 말했다.

"내 눈엔 카메라로 보입니다."

그 아저씨, 흥분한 사장의 기세와 조폭두목을 방불케 하는 내 세숫대야의 압력을 못 이기고 옷 입더니 도망치듯 나갔다...^^

좋은 사람들

'좋은 사람'들과 함께 한 시간이었다며 모임 먹방 사진이 자주 올라온다. '좋은 사람들과 함께'란 표현은 내면의 결핍을 잠시 풍요로 환치시키는, 언어적 술수에 가까운 표현이다. 평소 먹지 못했던 '맛 좋은 음식'과 함께 한 시간이라면 모를까.

당신과 나는 '좋은 사람'일까? '좋은 사람'의 궤적도 없이 그저 웃고 떠들며 좋은지 나쁜지 어찌 아는가? 내가 잘 아는, 지독히 책임감 없고 집중하는 힘도 없으며 게으르기 짝이 없는 이도 얼핏 보면 고상하고 부지런해 보인다.

손발의 움직임은 산만하지 않은지, 눈빛과 목소리는 균형을 유지하는지, 경청하고 공감하는 태도인지, 어떤 것에 분노하고 무엇을 사랑하는지, 창의와 의지에 충실한지, 사회적 힘에 의존하는지, 내면의 균형을 무너뜨리진 않는지, 어떤 요소에 몰입하고 느슨해지는지, 함께 먹고 자고 살 비비며 살아온 이들에게, 이웃에게 소중한 존재였는지, 좋은 사람이었는지 돌아볼 일이다.

남의 업적을 자신이 한 것처럼 가로채는 사람
분석적 태도로 일관하며 뭐든지 아는 체하는 사람
일상의 소소한 일에 화를 잘 내는 사람
상대의 의지를 무시하고 치근덕거리는 사람
매사 핑계와 변명, 거짓말을 일삼는 사람

주변의 성공을 질투하고 시기하는 사람

가난하면서도 값비싼 차를 몰고 다니는 사람

사람들 앞에서 까다로운 척하는 사람

언변은 선비이나 태도는 이기적인 사람

충동과 중독을 무시로 드러내는 사람

어디서나 남 헐뜯는 얘기가 잦은 사람

니 꺼 내 꺼 따질 때 인격이 달라지는 사람

받고 누리기 좋아하고 거저먹으려는 사람

우울하고 불행한 바이러스를 퍼뜨리는 사람

생각을 설명하지 못하고 손발이 앞서는 사람

긍정과 부정의 선택을 강요하는 사람

성에 관한 민감한 표현을 일삼는 사람

충동을 제어하지 못해 쉬 욱하는 사람

가정과 직장에서 지배적 권위를 표현하는 사람

재수 없고 짜증나는 이 '좋은 사람'들,

사귀어 볼까요, 피할까요?

4부

톨게이트

울산서 내려오는 길, 해운대 톨게이트를 지나며 한 손엔 지갑, 한 손엔 돈과 티켓, 입엔 굵은 쌀과자를 문 상태, 중년의 매표원이 그런 내 모습에 웃으며 "혼자 운전하며 먹으면 더 맛있는 게 쌀과자지요."라고 했다.

"하나 드실래요?" 물으며 새 걸 하나 꺼내어 드렸더니 "어머, 잘 먹을게요."라며 미소 지을 때, 난 큰소리로 "톨게이트 노동자를 정규직으로!"라고 외쳤다.

순간, 두 사람 크게 웃으며 얼라들처럼 손을 흔들었다...^^

친일파

"여보, 다음 주 제사 지내고 며칠간 섬에 가자, 어때?"

"어머, 좋아요! 세탁소 휴가 갈 때 은근히 부러웠는데, 낚시도 하고 잡은 고기도 구워 먹고."

"그럼 쿨러 하나 사야겠네. 나중에 낚시방에 가봐야겠어."

말 끝나자 바로 서재로 올라와 낚시 가방을 열어 장비를 늘어놓고 손질을 시작했다. 낚싯대와 릴, 뜰채와 모자 따위를 주섬주섬 챙기는데 아내가 다가와 스피닝릴을 가리키며 말했다.

"오빠, 스텔라 이거 일제 아녀요?"

"맞아, 연식은 오래된 건데 아직 정밀하고 쓸 만하지."

"지금 어느 때라고 이런 걸 써요? 오빠, 알고 보니 완전 친일파네!"

"응?!"

자기야

자긴 자기 타임라인에 자기 글 쓰면 되잖아. 자긴 왜 자꾸 따로 페이지를 만들어 '좋아요' 눌러 달라 하고, 차린 음식도 없이 대나깨나 사람들 '초대'하는 거야? 자긴 좀 특별한 사람이야? 자기 어떤 점이 특별해? 내가 보니 자긴 그저 나무그늘 아래에서 음풍농월이나 하는 베짱이 같던데? 그렇다고 거대한 특수 뚱땡이도 아니면서.

자기야, 날 더운데 사람 좀 귀찮게 하지 마. 들여다보니 내용도 특별한 게 없구먼. 그러지 말고 그냥 자기 타임라인에 하고 싶은 말 편하게 해. 사람들이 보면 보는갑다, 안 보면 안 보는갑다 하지, 뭐 하러 피곤하게 같은 내용을 두 곳에다 올리고 와서 보라고 강요하는 거야? 도마뱀처럼 자꾸 '초대하기' 버튼 누르지 마, 꼬리 자르고 뛰쳐나온 사람 또 초대하는 건 좀 아니잖아? 그것도 민폐야.

아, 그리고 자기 책 나왔다고 따로 페이지 만들어 사람들 마구 초대하는 짓 좀 하지 마. 열 권 스무 권 넘게 낸 직업 문인도 수두룩한데, 자기 왜 그래? 무슨 특수 뚱땡이도 아니면서 시골스럽기까지...ㅠㅠ

혐오와 차별의 언어

바깥 분위기 보니 바람 한 점 없어 오늘도 매우 뜨거울 듯, 기상도를 보니 모레 아침이면 태풍의 영향권에 들겠다. 농어민에겐 태풍이 전쟁터 같을 텐데, 부디 무사히 지나가길, 그리고 찝찝한 공기 깡그리 몰고 가 눈곱만큼이라도 청명한 가을 냄새 맡을 수 있게 되기를.

일본 밉다고 태풍이 일본 본토를 휩쓸고 지나가라거나, 방사능으로 시뻘겋게 뒤덮인 일본 지도와 함께 거의 절멸의 증오를 퍼붓는 게시물, 일본을 향해 걸핏하면 난장이니 원숭이니 쪽발이 운운하는 말을 공공연히 게시하는 사람들, 그 증오와 혐오의 경박함에 소스라친다.

지배계급과의 대척점 너머 '신음하는 민중상'을 놓친 채, 혐오와 차별의 언어를 마구 퍼붓는 막장 선동과 침소봉대의 일상화는 국가주의 파시즘의 또 다른 얼굴이다. 지배계급과 민중, 국가와 개인, 분노와 혐오를 구분하지 않으면 끊거나 차단할 생각이다.

상과 벌

네놈들은 어쩜 그리 하나같이 이름 앞에 무슨 무슨 상 받았다고 공갈치는 거냐? 그리 대놓고 상 받은 걸 자랑하며 살고 싶거든 살면서 양심 속이고 교만하고 거짓을 일삼은 죄, 당신에게 당했을 무수한 생명의 상처도 고백해야 하지 않겠어?

어떤 이에게서
상 받은 기록과 치적 빼곡한 명함을 받자
아득한 이명(耳鳴)이 급습하여
의자에 풀썩 주저앉고 말았다
정직하게 살았단 말일까
능력이 크단 말일까
상과 벌이
모든 걸 뒤흔들고 찢다가 나중에는
인간의 물질대사기능을 바꾸게 하는 줄 모르다니
인생의 굴레를 벗어나려는 자유의지도
성찰도 부끄러움도 없는 속물이었구나
허울 좋은 도둑놈이었구나
아무 말 없이
작은 물줄기에 기꺼이 제 몸 섞으며
높은 곳에서 낮은 곳으로
꾸역꾸역 한길로 가다

꿈에 그리던 바다와 만나는 날
흔들리고 부서지며 다시 대양으로 향하는
저 의연한 강을 보라
상 없이도 때 되면 옷 갈아입으며
벌 없이도 언 땅 아래 더 깊이 뿌리 내려
연초록의 찬란한 새싹 가지 끝으로 내뱉는
이름 없는 나무들이 만든 위대한 숲을 보라
그 어떤 상과 벌이 없어도
바다로 향한다는 것만으로도 강은 길이며
존재만으로도 숲은 스승일진저

잘 생각해 봐, 인간을 기름칠이 필요한 부속으로 만들고, 인간의 본성을 어지럽히고 기득권과 권위의 추종자로 길들이는 게 상과 벌이야. 제힘으로 사는 걸 배운 것들은 죽을 때까지 상과 벌 없이도 고개 쳐들고 당당하게 살거든. 저 들녘의 꽃과 나무가 아름다운 이유지.

걸핏하면 이름 앞에 상 얘기하는 네놈들 보니, 아무래도 단체로 골 청소를 한번 하든지 고압전기 한번 짜르르 흘려야겠구나. 잘 들어, 네 양심이 네 마음에 주는 상과 벌만이 진짜야.

더운 건 더운 거고

오랜만에 설 쌤과 만나 무한리필 게장 집에서 밥을 먹었다.

"이 집, 오늘 나로 인해 큰 손해 볼 텐데..."

이런 생각으로, 흡입 관련 세포들을 깨우며 씩씩하게 들어섰지만, 막상 먹어보니 착각이었다. 양념게장은 너무 매워 두어 번 집적이기만 했고, 간장게장은 밥 두 공기 먹을 동안 두어 마리 더 상에 올라왔을 뿐이다.

집으로 돌아와 게 비린내 물씬한 아가리 쩍 벌리고 뽀뽀 하쟀더니 토끼눈을 한 아내, "이 더위에 영혼까지 썩은 짐승이 되고 싶어요?"라는 비수를 맞았다. 더운 건 더운 거고...ㅠㅠ

임플란트

둘 다 이가 아파 치과에 갔다. 사진을 찍은 후 아내는 가벼운 신경치료와 때우는 거로 끝났다. 진단을 마친 내겐 별도로 부르더니 견적이 오백만 원이라고 간호사가 툭 던졌다. 난 허허 웃으며 목소릴 깔고 말했다.

"오백만 원이 무슨 애들 이름도 아니고, 그 정도의 금액을 환자에게 조금의 망설임이나 배려도 없이 툭 던지는 그 정서와 시스템에 문제가 있어 보입니다. 그만한 여윳돈이 없으니 치료는 포기할랍니다."

"아버님, 저 그게 아니라…"

몇 년간 노숙인과 쪽방 사람들을 대상으로 인문학수업을 지도할 때, 수업 마치면 모두 국밥집에 모시고 가 밥을 샀는데, 고기를 일일이 들어내고 잡숫는, 이가 다 빠진 분들의 난처한 표정 하나하나가 파노라마처럼 스쳐갔다. 걸핏하면 '맞춤형 복지' 운운하면서도, 생활형 '민중 의료'에 무감한 이 체제의 아가리가 엘리베이터 같아, 계단으로 한 칸 한 칸 꾹꾹 밟으며 내려왔다.

왼발 '니기미', 오른발 '씨바'를 복창하며.

비겁한 일본 놈

밀양 가려고 준비 중에 TV에서 스페인 풍경을 보던 아내가 말했다.

"오빠, 저런 풍경을 볼 수 있는 곳으로 부산서 가장 가까운 곳은 어디예요?"

"음, 비행기로 후쿠오카에 내려 나가사키 행 버스를 타고 사세보라는 곳으로 가면 하우스 텐보스라는 곳이 있지. 거긴 완전 유럽 풍이어서 볼 만해."

"가봤어요?"

"응, 전에 어학원 교차 연수 때 그 동네 몇 번 가봤어."

"그렇게 좋은 델 어떻게 혼자 갈 수 있지? 치사한 오빠네."

"하지만, 난 당신과 남해안 섬으로 낚시 다닐 때가 내 인생 가장 아름답고 행복했던 추억이야."

"듣기 싫어요, 이 비겁한 일본 놈아!"

날벼락 맞았...&*^%#!@)(*$@

죽음을 부르는 매력

병실에 40대 여성 환자가 들어왔다. 온몸 시퍼런 멍, 코뼈와 턱뼈는 부러지고 금가고 척추의 통증까지. 신경외과 병동에서 성형외과 치료를 함께 받는, 수술대기 환자이다. 그녀는 의료진에게 술 마시고 계단에서 굴렀다고 말했지만, 남편과 몰래 대화하는 걸 우연히 들었는데 심각한 가정폭력 사건이었다.

보호자인 남편은 병실을 드나들며 필요한 물품이나 가사 챙기기에 열심이지만, 가끔 부인과 의견이 안 맞거나 할 때 그의 눈빛은 섬뜩한 야만성을 품고 있었다. 그녀는 병문안 온 시어머니께 매우 상냥한 태도로 대하며, 시어머니도 며느리를 무척 편하게 대하고 소소하게 챙기는 것처럼 보였지만, 겉으로 봐선 알 수 없는 일. 남편은 병실에 올 때마다 아이스크림, 방울토마토, 포도, 사과, 바나나, 멸치, 검정콩 무침, 오렌지 주스, 빵 같은 것을 사왔으며, 그녀는 아무렇지 않은 듯 망가진 얼굴로도 밝게 웃으며 병실 사람들에게 그것들을 나누어주기도 했다.

"그의 폭력을 증오하지만, 나는 그를 사랑한다."는 가정폭력의 전 과정에 길든 저 여성 환자의 양가감정, 옆에서 보기엔 두 사람은 시한폭탄 같았다. 터졌다 하면 무섭게 몸과 마음을 파괴하는 폭탄, 대체 그녀에게 있어 저 남편의 '죽음을 부르는 매력'이란 어떤 것일까?

엘프 통신 / 풍란

소엽 풍란이 은은한 향기를 내뿜는다. 돌, 나무, 숯에 붙여 키우거나 퇴비화한 나무껍질 부산물과 난석을 이용해 화분에서 키우기도 하는데, 넉넉한 통풍 환경, 네 시간 이상의 오전 중심 간접 광, 규칙적인 소량의 물주기가 핵심이다. '과유불급'이란 말은 풍란에 딱 맞는 말인 듯, 수분과 볕, 바람이 지나쳐도 문제고 부족해도 문제여서, 까다로운 성격에 맞추어 건강히 키우기가 쉽지 않다. '신념'이라는 꽃말처럼, 은근히 꼰대 기질이 있어 자리만 옮겨도 몸살을 앓는 성격이라, 그저 제자리에서 꼿꼿하게 지 쪼대로 늙어죽을 때까지 살게 하는 게 요령이다. 한여름 한겨울은 휴면기이며, 꽃은 대체로 해거리를 한다.

쑥씩이 판

꼭두새벽에야 동래 할매 댁을 나와 집으로 돌아왔다. 행정대집행 5주년 모임 때 다시 만나기로 의기투합했던 127 움막의 동지들, 여러 횟감과 수육, 족발, 과일과 채소, 옥수수, 순대, 술을 준비해와 다들 배불리 먹고 마셨다. 할매가 손수 담그신 10년 넘은 말벌주와 더덕주, 맥주, 소주를 거덜 낸 후, 한 동지가 챙겨온 스크린과 빔 프로젝터로 영화 '극한 직업'을 봤다.

영화를 본 후 늦은 시간에야 시작된 고스톱 판. 난 초반엔 얼치기 시늉으로 일관하며 의도적인 '죽기'와 '광 팔기', '비명 지르기'로 동전만 뒹구는 판의 긴장감이 충분히 빠질 때까지 기다렸다. 담요 위 널브러진 북데기와 동전의 증감을 무시로 곁눈질하며 난 서서히 설계(타짜 전문용어임^^)를 시작했다.

주례구치소에서 서면 최강 타짜 하리마오에게 배운 발군의 밑장빼기 기술을 간헐적으로 시도하며 난 외로이 쓰리고를 외쳤고, 단 몇 판 만에 동래 할매와 호구들 앞에 놓인 북데기와 동전을 쓸어 담았다. 드디어 동네 쑥씩이 판을 떠나 강원랜드로 진출해야 할 때가 되었나 싶었다...^^

* 송전탑 반대투쟁에 연대하다 127농성장의 인연으로 밀양 할매들과 친해졌다. 행정대집행으로 현장의 투쟁은 제압당했지만, 행사가 있거나 하면 무시로 만나는 사이가 되었다.

레퀴엠

망자를 위한 미사곡인 레퀴엠은 위령의 엄숙함, 심장을 후비는 듯한 떨림, 중세 성당에 앉아 있는 듯 고풍 창연한 기도문, 성서적 시어들로 만든 독창과 합창이 주는, 압도하는 일렁임이 있다. 청년기에 형님 댁에 갔다가 낡은 DENON 전축으로 모차르트 레퀴엠을 우연히 듣고, 나는 근원을 알 수 없는 충격에 휩싸였다. 카라얀이 지휘한 베를린 필의 그라마폰 65년 녹음 원반이었다. 난 즉시 테이프로 녹음해 전곡을 외울 때까지 끊임없이 들었다. 그 후 여러 지휘자의 연주로 들었지만, 처음 들었던 카라얀의 것이 가장 엄숙하고 섬세하며 장엄한 곡이라 생각한다.

레퀴엠은 보통의 미사곡과는 달리 작곡자에 따라 진노의 날, 눈물의 날, 무덤에서의 기도, 장지를 향한 기도 등이 후반에 붙는데, 당시 음반구입 목록엔 죄다 레퀴엠이었다. 모차르트 외에도 포레, 베르디, 브람스, 베를리오즈, 브루크너의 레퀴엠은 전곡을 외우며 중얼거릴 정도인데, 시를 쓸 때 영감을 받기도 한다. 브람스와 브루크너의 것은 극적이고 장중하나 부조화를 느끼는 부분이 군데군데 있어 귀가 스트레스 받을 때도 있고, 현대 시인의 시나 가사로 쓴 새로운 양식의 레퀴엠을 몇 곡 들어봤는데, 내 몸이 현대음악은 거부했다.

모차르트는 자신의 죽음을 예감하고 레퀴엠을 완성하기 위해 필사적으로 매달렸다. 하지만, 전반부를 완성한 후 미완의 부분에 대해 악보 초안에 몇 가지 지시의 메모를 남겼고, 그의 제자인 쥐스마이어가 나중에야 전곡을 완성했다. 우리가 아는 천재 모차르트의 명성은 이 레퀴엠으로 평가받았다고 할 만큼, 바로크 시대의 엄격함과 섬세한 화음, 독창적이고 탁월한 선율의 곡이어서 음악 양식의 새로운 방향을 제시했다고 할 만한 곡이다.

퇴근길, 인도를 걷다가 음주 운전자의 차에 치여 먼저 하늘나라로 떠난, 내 영혼의 벗 창순의 유골에 함께 묻어주었던, 65년 카라얀 지휘 그라마폰 음반의 영상을 요즘은 유 튜브로 볼 수 있으니 얼마나 좋은지.

CCTV

입안에서 도는 현미밥을 꾸역꾸역 씹던 아내, 정준영 몰카 사건의 변호사와 경찰이 버닝썬 사건 이후 서로 입을 맞추었다는 뉴스 자막에 흥분하며 말했다.

"강간에 몰카에 입 맞추기까지, 아주 단체로 미친놈들!"

"여보, 내 서재에도 시시티비 두 개쯤 설치해줘, 나도 누군가에게 철저히 감시당하고 싶어. 날 감시하면 완전 재밌을 걸."

"뚱뚱하고 느리고 못생긴 오빨 뭐 감시할 게 있다고 돈 들여 카메라를 설치해요?"

"아냐, 나 감시할 게 많아. 제발 나 감시 좀 해줘요."

순간, 씹히다 만 현미밥 알갱이가 아내의 입 밖으로 몇 알 툭툭 튀어나올 때 까르르 웃더니 말했다.

"호호호, 오빤 시시티비 없어도 충분히 감시할 수 있거든. 인간의 엑스축 와이축이 얼마나 단조로운지."

"응?!"

뚜 뚜 뚜....ㅠㅠ

내밀한 축복

아내가 쓰러진 후 병실에서 눈곱만한 폰 자판 두들기고 저장하고, 또 두들기고 저장하며 책 세 권을 썼다. 어두운 병원 복도에 웅크려 무수한 밤을 밝히며 폰이라도 붙들고 끊임없이 쓰지 않았더라면, 아마 난 그 절망의 거대함에 굴복해 삶을 포기했을지 모른다. 그때 썼던 시와 산문들은 철저한 반성과 후회, 스스로 치유되고자 한 간절한 몸부림이고 기도였다.

유언의 시

무수한 풀과 나무의 뿌리를 스치고
떨어진 이파리 썩은 능선과 억새 춤추는 들녘을 지나
후줄근한 생명 축이는 맑은 물로 흐르다
갈고랑쇠 같은 사람들을 만나 때론 수다 떨며
때론 진창이 되어 지루하게 흘러왔건만
단 한 번도 바다를 만나지 못하고
스스로 바다가 되지도 못한 채
여행 중 잠시 반짝였던 아득한 즐거움과
모든 기억을 내려놓습니다
회한과 눈물도 내려놓습니다

건강치 못한 몸으로 허덕이며 살면서도

내게 참다운 사랑을 가르친 아내
신열에 들뜬 어릿어릿한 세상
더는 날 나쁜 길로 가지 못하게 한 당신의
해쑥 같은 순결과 향기도
넌더리를 쳤던 나날의 상처 속에서 기적처럼 자란
아들과 딸의 앞날도 이젠 내려놓습니다

아, 울지 않으면 사랑이 아니라 했던
진실로 이끼고 다독였던 벗이여
알알이 터져 줄줄 흐르는 우리의 추억도 접고
이제 나의 여행을 마치고자 합니다

사라호 태풍이었지요
아버지 손수 지으신 검정 루핑 지붕이 날아가
누워서 하늘 보았던 신비함도 이젠 없겠지요
초가지붕 늘어선 고향 마을 어귀
어머니 손잡고 걸으며 보았던
노란 감 주렁주렁 열린 그 꿈결 같은 나무도
다시 볼 수 없겠군요

아침부터 걸어간 송도해수욕장 모래 구덩이에

옷 파묻고 종일 물놀이에 정신 팔려
캄캄한 밤 노래하며 돌아오던 그 노곤함과
창자를 헤집는 허기도 없을 테고
매캐한 짚불연기에 눈 비비던 산동네 동무들
이승골 너머 한 주전자 버찌 먹은 입술로
연탄재 던지며 비탈길 내달리던 정태랑 태근이
인철이 재숙이 누나도 내려놓습니다

마음 깊이 숨어 걸핏하면
40년 전 수정제과점으로 배정고 뒷마당으로 이끄는
첫사랑 경아를 향한 그리움도 이젠 놓습니다
아티반 두 알로 쏟아지는 잠 쫓으며
독서실에서 밤새워 공부하는 일도 없을 테고요
어린 날 잡아끌던 진여 앞 창녀들의 얼굴, 그
아스라한 허무의 이화작용으로 남은
연민도 이젠 내려놓습니다

세상이 곪아떨어진 시간
집집마다 민주부산을 던지며 게릴라가 되어
민중의 물결이 해일이 되어
남포동과 서면 거릴 뒤덮는 꿈도

어느 선술집 구석 살 냄새 그득한 동지들과
도적개 싸리울 넘나들듯 진영을 옮겨 다니던
변절의 무리를 향한 분노와 이한증(異汗症)도
그들을 앞세운 사이비 권력을 향해
꽃병 던지는 일도 이젠 없을 테고요
역사에 찢긴 영혼을 위해 바치는
눈물과 끓는 울화도 내려놓습니다

내가 가르친 아이들의 풋풋한 심장이
산화하지 않고 제빛을 내고 있는 걸까
인간의 존엄을 잃은 출세주의자가 되진 않을까
그런 심약한 걱정일랑 이젠 하지 않아도 되겠지요

침침한 병원 비상구 계단에 쪼그려
한 모금 연기와 함께 폐부를 파고들던
절망, 그 하얀 각서에 도장 찍으며
포기와 싸움이란 패를 든 도박사가 되어야 하는
무거운 가장의 짐도 이젠 놓습니다

천둥 번개가 때리던 어느 여름날의 검등여
알몸을 타고 흘러내리던 바다

그 살 떨리던 교감과 장렬한 침묵도 마지막이군요
먼저 저세상으로 간 벗을 추모하던
알마섬에서의 기나긴 밤도
여태 남은 그의 향기도 내려놓습니다

지천의 개망초 같은 산동네 제자들을 모아
단칸방에서 손수 끓여주셨던 스승의 사랑 앞에
존경이란 말을 붙이지 않고는 단 한 번도 말 한 적 없는
최태룡 선생님의 성함도 이젠 내려놓습니다
꼭 뵙고 싶었는데 소원을 이루지 못하고 갑니다

그리고 나의 슬픈 어머니
일곱 남매의 몸종이 되어
헌신이 어떠한 건지
떠나시는 순간까지 가르쳐주신 어머니
그곳에 가면 뵐 수 있을까요
어머니, 부디 제게 오셔서
단 한 번만이라도 펑펑 울게 해주세요

드디어 마지막이군요
율법보다 핏물이 밴 삶을 택하셨던 임이여

언제나 견딜 수 있을 만큼만 고통을 주시고
희망을 잃지 않을 만큼 절망을 주셨지요
임을 처음 만났던 이른 새벽
날이 새도록 울며
임의 죽음이 속죄와 평화란 걸 알았습니다
내 초라한 주검 앞에 놓일 하얀 국화꽃은
임을 향한 순종의 표식입니다
퍼들퍼들 살아 껄떡대는 슬픔에 이젠
홀로 울지 않아도 되겠다는 믿음만으로
임이여
왔던 길로 돌아가려 합니다
기억하시고 받아주소서

폰으로 인한 시력 상실은 나중에 수술로 좋아졌지만, 만땅 충전한 폰을 들고 병원 복도에서 밤새 두들기다 병실로 돌아오면 엥꼬되었던, 지난 무수한 밤을 돌이켜보면 청년기를 제외하곤 가장 치열했던 시기가 아니었나 싶다. 요일마다 옮겨가며 강의했던 다섯 곳의 밥벌이가 병원에 매이면서 하나둘 끊어지고, 서울서 공부하던 딸아이도 불러 내렸고, 막둥이는 혼자 라면 끓여 먹어 가며 시계불알처럼 집과 학교, 도서관을 오가며 중고등학교를 다녔다. 할 게 공부밖에 없었다는 녀석, 극심한

결핍의 성장기를 보내고도 우수한 성적으로 대학에 진학하게 된 건 고난 중의 기쁨이고 축복이었다.

누적되는 생계의 부담에 손 놓은 다섯 곳의 밥벌이 중 겨우 두 곳을 되살려 늙은 차를 몰고 다시 먼 거리를 오르내리는 보따리 선생이 되었지만, 대학병원 중환자에서 재활병원 환자로 전이하는 시간은 기쁨과 슬픔이 가장 깊고 섬세하게 날 흔든 시간이었다. 인간에 의한 상처를 견디려고 난 더 많이 자주 고난을 향해 돈을 보냈고 더 많은 시간과 몸을 썼다. 슬픔과 좌절이 깊을수록 난 더 그랬다.

서울서 장비와 의료진이 내려와야 한다는 다섯 번의 신경 관련 수술을 앞두고 병원장과 주치의 쌤께 보냈던 편지는 그만큼 간절했고, 그 간절함은 사람들의 마음을 움직였다. 그것은 우리 부부에겐 크나큰 축복이었다. 그 편지는 페북에도 공개했고 '심리치유과정' 을 강의할 때 수강생들을 울리기도 했다.

이제 '유언의 시'를 썼던 밤도 지나고, 함께 고생했던 딸아이도 멀리 광주에서 가정을 꾸렸다. 깊은 지병과의 오랜 투쟁과 지난 8년의 넌더리나는 이야기를 이렇게 집필 소회로 쓸 수 있으니, 이 얼마나 내밀한 축복인지.

페북 부영양화

책에서 읽은 내용이나 누구에게 들은 얘기를 마치 자기가 오랫동안 그래왔거나, 그 자리에 있었던 것처럼 과장해서 표현하는 습관을 지닌 사람, 또는 "육자야, 칠자 팔자가 하는 얘기 들었니?", "글쎄, 일석이가 이석이 삼석이에게 그랬다지 뭐니!"라며 자리에 없는 사람 툭툭 건드리는 과잉행동의 오지라퍼들.

엉킨 줄 풀다 황금 같은 물때 다 놓치고는 집에 돌아와 "거긴 고기 한 마리 없는 죽음의 포인트였어."라고 썰 푸는 초짜 꾼에겐 가닥가닥 엉켜 풀기 어려운 실낱의 세계가 있다.

오래전 시집에 실었던 체제 비판의 시가 생각나 타임라인에 올렸더니, 서울 어디에서 부동산중개업 한다는 중년여성 한 사람이 난데없이 시 속의 '유럽여행'과 '중개업 씹장'이란 언어에 꽂혀, 내가 자기 얘길 한다고 태그까지 걸어 방방 뛰는 일이 있었다. 난 그녀를 완벽히 모르며, 여러 독자가 오래전 시집에 실린 시라고 댓글에 출판연도와 사진까지 올려 증명해주어도, 이미 엎질러진 그녀의 과잉 흥분과 그에 동조하는 뭇 남성들의, 우정을 빙자한 과잉 표현들이 점입가경이었다.

낙동강뿐 아니라, 페친 과잉, 우정 과잉으로 인한 '부영양화' 현상이 페북에도 있음을 알게 되었다. 다음은 그 시다.

당신이 다 하세요

고상한 건 당신이 다 하세요
많이 가진 당신
많이 배운 당신
서울 사는 당신이 하세요
수신제가, 지랄 틀지 마세요
치국평천하, 더욱 지랄 틀지 마세요
유럽여행이며 원샷 도리짓고땡, 즐거운 건
전부 당신이 하세요
겉으론 '아니오!'해도 따지고 보면
'예!'하는 당신이 좋은 건 다 하세요
그 좋은 머리
전공이 중개업 씹장이라지요
당신의 신은 당신의 교회에만 있고
사랑과 행복은 당신의 가정에만 있으니
귓구멍 틀어막고 돌아앉아
사랑 많이 나누세요
훗날 무수한 꽃이 이파리 떨구며
혀 깨무는 분노로 일어나 펄펄 날릴 때도
모른 척하며 필드를 누비세요

꽃잎 다 떨어지고 난 뒤
주범과 공범을 가릴 때
평생 우아하고 고상한 것만 즐긴 당신
역사 앞에서 거짓말하지 마세요

그런 부영양화 현상은 사고 습관과 기질적 특성이 비슷한 사람끼리 형성하는 '끼리끼리 문화'의 부작용이다. 희안하게도 자유는 자유의 지지로 속살을 찌워가고, 불안은 다른 불안과 급속히 합류하며 무리를 형성한다.

고생해 건사하는 형제 자매도 가족도 없고, 사회적 헌신이나 일상의 실천도 없이 입만 열면 나라를 구할 듯한 사람들, 참 쉽게 생각하고 편하게 사는구나 싶지만, 그들은 알 수 없는 동류의식으로 일군의 초상을 이룬다. 이른바 '빠'의 정신세계, 그 근원이지 싶은.

자잘한 선의나 우정을 동네방네 떠들어 관계의 가치 추락에 기여하는 사람, 걸핏하면 과거에 현실을 접붙이며 그때 내가 그랬어, 라고 떠드는 사람. 부산의 뚱땡이 시인이 이름도 성도 모르는 자기를 씹었다고 떠드는 어느 중년의 요란한 나르시시즘, 진실을 증명해도 '믿고 싶은 것만 믿겠다'며 막무가내 동조하는 뭇 페친의 흩날리는 댓글들.

아, 가볍디가벼운 자유주의자들의 일상적 전투태세라니! 잘 들어, 뚱땡이들은 미끈하고 헤프고 가벼운 걸 기질적으로 싫어해.

방구와 미래

곯아떨어진 내게 방구 꼈다고 이불을 걷더니 호들갑이다.
"오빠, 혈압 올라가게 자꾸 이불 속에서 방구 뀔 거야?"
"나 안 뀌었거든."
"지금 냄새나잖아요, 어쩜 사람이 무식해도?"
"이른 아침부터 그럴 거야?"
"침대가 붕붕거려 잠을 못 자겠다고요!"
"당신 누워있을 때 아마 천 번은 똥오줌 받았을 걸."
"아니, 기억에 없거든요."
"오데서 똥오줌이 방구를 나무란대?"
"기억 안 난다니까요!"
"내 말 좀 들어봐, 과거를 잊은 자는 미래가 없다."
"세상에! 방구와 미래가 만나다니!"
"흐흐흐..."

공갈빵

한 이틀 혈압이 250까지 올라 주치의 쌤께서 불안하다며 입원을 잠시 고민하시더니, 며칠 더 지켜보자며 처방을 확 바꾸었다. 새로 처방받은 약을 저녁과 밤, 두 번 먹고 잤는데, 아침에 일어나 혈압을 재니 170대로 떨어져, 우리 두 사람 밤새 찾아온 작은 평화에 공감했다. 부리나케 운동하고 샤워하고, 보따리 챙겨 나서는데 아내는 뜬금없이 공갈빵이 생각난다며 들어올 때 다섯 개쯤 사 오란다.

"안 보이는 곳엔 설탕 떡칠한 공갈빵 싫거든, 이 찬란한 봄 당뇨병 환자에게 공갈빵으로 서서히 죽이려고? 아침부터 공갈치지 말아줘, 안 사 올 거니까."

"오빠, 이건 좀 심각한 얘긴데... 앞으로 우리 따로 생각하고 따로 행동하며 살자고요."

"?!......"

"오빤 앞으로 냉장고 문 절대 열지 마세요. 저 냉장고는 내가 산 거고 안에 있는 물건들 다 내가 산 거니까."

"그럼 당신 오늘부터 침대 출입금지, 저 침대는 내가 좌천동 구석구석 발품 팔아 사 온 거니까."

"진짜 의리도 없고 비겁하네요!"...@"@;;

싫어요

1. 부당한 일을 겪고도 대들거나 욕할 줄 모르는 사람.
2. 공자 왈 맹자 왈, 걸핏하면 옳은 말만 하는 사람.
3. 술에 고상한 의미를 부여하거나 의존성이 높은 사람.
4. 대화 주제가 중구난방이며 언행이 산만한 사람.
5. 컴이나 폰 들여다보는 시간이 지나치게 많은 사람.
6. 일상의 소소한 약속 쉬 하고 쉬 어기는 사람.
7. '~하더라'를 전해 듣고 다시 전하는 귀 얇은 사람.
8. 사소한 일에도 욱하거나 손이 먼저 나가는 사람.
9. 잘못이 드러나도 정중히 사과할 줄 모르는 사람.
10. 말수가 없다가도 엉뚱한 얘길 불쑥 꺼내는 사람.
11. 스스로 자기가 잘 생기고 똑똑하다고 말하는 사람.
12. '대안 경제', 대안 의학', '대안 교육'를 말하는 사람.
13. 관공서 찾아다니며 서류로 나랏돈 빼 먹으려는 사람.
14. 사무실, 집, 차에 태극기 붙여놓은 사람.
15. 약자를 차별하는 언어에 무신경하거나 무지한 사람.
16. 사회적 지위 앞에서 해야 할 말 못하고 편드는 사람.
17. 공공장소에서 목소리가 크며 속삭일 줄 모르는 사람.
18. 아이들 앞에서 내용 가리지 않고 거침없이 말하는 사람.
19. 누군가에게 성적인 매력을 쉬 느끼고 표현하는 사람.

20. 건강을 위해 소식한다면서 무시로 배고프다는 사람.

21. 누굴 만날 생각, 떠들고 놀 생각이 노동보다 앞서는 사람.

22. 누군가를 지지하면 맹목의 빠가 되는 사람.

23. 자신의 선행을 공공연히 말하는 사람.

24. 아내, 남편, 부모, 자식에게 폭언, 폭행을 일삼는 사람.

25. 저만 좋으면 스토커처럼 졸졸 따라다니는 사람.

26. 걸핏하면 20~30년 전 과거에 현실을 비교하는 사람.

27. 잘 하는 일이 아니라 닥치는 대로 일을 벌리는 사람.

28. 가만히 앉아 있지 못해 다리나 손을 떠는 사람.

29. 2차, 3차를 꼬드기며 회식의 의미를 재생산하는 사람.

30. 돈 되는 일, 안 되는 일로 일감의 가치를 설정하는 사람.

미래의 상으로 정우성을 지향하는 난 11번에서 엄청 걸림. 한 개도 걸리는 게 없다거나 10개 이상이면 차단할 기임...^^

민중주의와 돈

나는 철저한 민중주의자다. 나이가 들수록 글도 고상하게 쓰고 싶지 않다. 빙빙 둘러대는 것보다 대놓고 하는 직설적인 글이 더 좋다. 난 일상에서 어떤 구별이나 결정을 할 땐 언제나 내 정치적 이념에 충실하다. 오랜 시간 직업 속에서 학생을 가르치거나 상담할 때도, 나의 민중주의는 늘 주제와 핵심을 건드리고 움직이는 힘이었다. 그 대상이 부자든 가난한 사람이든.

난 개량적 제도를 통한 복지가 아니라, 구체적이고 직접적인 민중 구제와 충실한 하루하루의 일상을 가장 중요하게 여긴다. 걸핏하면 시스템 운운하는 개량주의자들이 주변에 많지만, 약자를 일으키는 건 약자와 손잡는 게 가장 빠르고 가장 직접적이다. 나는 당신의 손을 잡고 당신은 내 손을 잡을 때, 그게 진짜 사회다. 강력한 연대야말로 민중의 힘의 상징이다.

서면 시장통 '오렌지 향기는 바람에 날리고'에서 만나 사랑한다는 이유 하나로, 양가의 반대를 무릅쓰고 아픈 아내와 결혼해 평생 병원을 내 집처럼 드나들며 살았다. 특히 뇌를 다쳐 투병해온 지난 십년은 인생에서 가장 버거운 시간이었고, 특히 경제적으로 나는 몰락했다.

비정규직 교육노동자로, 많게는 다섯 군데를 요일마다 오가며 불알에 요롱소리 나게 모다 돌리며 버는 돈이 적지 않았음에도 언제나 난 빈털터리였다. 아내가 백병원에 누워있었던 7년, 날 잘 아는 여러 동지가 많게는 천만 원에서 적게는 몇 만 원까지 무시로 날 도왔는데, 그 동지들 중 부자는 한 사람도 없다. 다 권력에 의해 다치고 고문 받았던 분들이다.

아, 특별한 부자가 한 사람 있다. 몇 차례의 상담으로 친하게 된, 독실한 불자인 마창지역 건설회사 사장님(지금은 은퇴 회장)이다. 난 그와 만나고 상담하며 몇 차례 맛난 음식을 얻어먹었고, 당시 입원해 있느라 비어있던 집에 와 계시던 스님(광화문에서 분신하신...ㅠㅠ)과 건설회사로 찾아갔다. 당시 보호관찰로 절에서 쫓겨나 오갈 데 없어진 스님께서 목탁노동(^^)을 합법적으로 할 수 있게 힘 좀 써달라고 부탁드렸는데, 당시 소소하게 신세진 게 고마워 어느 날 난 작심하고 고급식당으로 모셔서 근사한 저녁을 샀다. 그 사장님의 말씀이다.

"아무것도 없는 빈털터리 김 쌤이 병원생활 중에 이리 고급음식을 사신 건 쌤의 마음을 제게 다 주신 것과 같다고 생각합니다. 제가 가진 게 다 회사 재산이지만, 김 쌤의 음식 값을 산술비교하면 한 오백 억은 드려야 하는데, 제 뜻대로 쓸 수 없는 돈이니 지금 당장 제 마음을 표현하고 싶습니다."라시며 비서를 시켜 현금 천만 원을 찾아 건네주셨다. 덕분에 그 달 병원비와 우리 가족, 스님의 생활비로 요긴하게 썼다. 그는 한때 굳게

믿었던 부하직원의 배신과 회사 부도로 큰 상처를 받아 힘든 시간을 보내신 분으로, 내게 진정한 위로를 받았다고 생각하시는 분이다.

민중 구제를 얘기하다 돈의 가치를 생각하며 잠깐 옆으로 샜다. 이명박 박근혜의 시절은 정신적으로도 가장 힘들었고 가장으로써 경제적으로도 가장 위협을 받았던 시기이다. 그러나 민중주의는 역설적이게도 가장 힘들 때 자신을 지키는 가장 큰 힘이 된다. 가까운 사람들은 다 알지만, 난 그때부터 술과 담배를 끊고 일체의 휴식과 유흥을 삼갔다.

밤새 눈곱만한 휴대폰 자판 두들기며 여러 권의 책을 병실에서 썼고, 쪽방, 노숙인, 밀양, 쌍차, 파업현장, 장애인, 해고, 비정규직, 당, 환경, 잡지사로 만 원에서 십만 원까지 꾸역꾸역 돈을 보냈다. 힘들 때일수록 가슴을 더 세게 망치질하고, 놓치지 않으려 했던 내 실낱의 희망이고 몸부림이었다.

뜬금없이 돈 얘기를 시작한 이유다. 돈 많은 그대, 공연히 밥 먹자 술 먹자, 사람들 불러내 가오 잡는 일 그만 하고, 한 사람이라도 민중을 일으키는 데에 써라. 내 재능, 내 지식, 내 여유, 내 지갑의 돈이 어디에서 시작되어 어떤 과정으로 차곡차곡 쌓였는지 생각하며 사는 게 민중주의의 핵심이다. 민중을 딛지 않고 혼자 잘나 되는 건 이 세상에 없다. 자본주의 체제는 민중의 존재가 소득이고 재화고 소비인 사회다.

나처럼 몰락한 빈털터리가 오만 원, 십만 원 마음을 보낼 때, 부자인 그대는 큰 돈 좀 보내라. 그게 맞다. 부자인 그대와 가난한 내가 같은 곳을 바라본다 해서 액면가치가 같아서야 되겠는가? '그물에 걸리지 않는 바람처럼' 운운하는 부자의 추상적 자유조차 민중을 소비하고 민중의 가난을 토대로 구축된다.

민중주의는 계급적 각성을 전제한다. 내 유년기의 초량 산동네 얘기다. 성함 앞에 '존경하는'이라는 수식어를 쓰지 않고는 한 번도 성함을 말해본 적 없는, 초딩 6년 때 담임 선생님께선 토요일마다 우리에게 말씀하셨다. "얘들아, 집에 먹을 거 없고 배고프거든 선생님 집으로 오너라. 라면 끓여줄게."

그렇게 말씀하신 선생님께 여러 번 놀러가 삼양라면을 얻어먹곤 했다. 아마 다섯 평쯤 되려나, 공동화장실에다 코딱지만 한 연탄부엌이 딸린 시영아파트 단칸방에 사시면서도 선생님께선 그러셨다. 어느 해 교육청의 '잃어버린 스승 찾기' 프로그램에 신청해 선생님을 찾아 헤맸으나 결국 뵙지 못했다. 하나하나의 아이들 삶에 들어가고 실천하는 게 교육노동자의 계급적 각성이고 해방교육이며 페다고지다. 걸핏하면 끼리끼리 모여 떠들고 취하고, 천 평 이천 평, 땅이나 사는 선생이 선생인가?

어떤 권력이든 잘 하는 건 칭찬받고 못하는 건 비판받는다.

권력의 속성이자 숙명이다. 난 머나먼 섬 갯바위에서 대통령과 낚시를 하고 텐트에서 잠을 자고, 잡은 고기 회 떠서 소주도 마셨던 사람이다. 그러나 민중주의는 권력을 향해서도 마찬가지다. 속초 산불이나 코로나바이러스에 대처하는 노력과 진정성은 칭찬받을 일이다. 하지만, 강남역 CCTV 철탑에 오른 해고노동자의 고난을 여태 본 체 만 체하는 '노동무시' 사회, 친 삼성 친자본의 행보, 부동산 관리자인 듯한 얼굴마담들과 의원들, 모두 갓뎀 아닌가!

아서라! 비가 오면 수면을 뛰는 맹목의 봄 숭어처럼 함부로 날뛰거나 민중을 무시하지 마라! 숭어가 날뛰는 물의 저면이 하수구에서 흘러나온 냄새로 진동할 때 주제도 모르고 수면을 뛰는 법이다. 지천으로 깔삼한 고층 아파트가 많으니 세상이 그지없이 풍요로워 보이는가? 그 자리에 살다 토건주의에 쫓겨난 그 많은 세입자들, 보이지 않는 그 분노와 절망을 생각하는 게 민중주의다. 눈앞에 안 보이면 모르는 건가? 시간은 시냇물처럼 흐르고 있다. 용비어천가 함부로 부르지 마라!

참, 게시물에 'Photo by seok', 이런 거 좀 하지 마라. 낯뜨겁다. 민중은 그러는 거 아니다.

뚱땡이 여러분

모두 힘내세요. 세상의 조롱과 멸시를 딛고 더 굵고 더 길게, 용쓰며 잘 살아봅시다. 뚱뚱하면 일찍 골로 갈 거라는 홀쭉이들의 선동에 부화뇌동하지 마시고요.

우리 뚱땡이들은 뭐든 맛나게 기쁘게 잘 먹을 뿐이지, 살찌는 건 별로 걱정하지 않으며, 먹는 음식을 놓고 까칠하게 맛이니 향이니 식감이니 따지지 않고 이유를 달지 않아요. 배만 좀 부르면 급격히 행복감을 느끼며, 사람들과의 관계를 원만하게 인식하고요, 대체로 상냥하고 친절해지잖아요.

뭐, 당뇨, 통풍, 지방간, 심장, 내분비 질환, 고지혈증, 혈압 따위의 전반적인 대사 장애로 애를 먹긴 하지만, 너무 나빠지지 않도록 제대로 처방된 약 먹고 적당히 운동하고 노력하면 됩니다. 요즘 부쩍 뚱혐에 앞장서는 보수 홀쭉이당의 가끼목이나 와라바시들은 뚱땡이 특유의 느긋하고 낙천적인 힘을 잘 모르더라고요.

뚱땡이들은 대체로 홀쭉이들보다 뚝심 있습니다. 느긋하지만 오래 지속할 힘이 있다고요. 끊임없이 먹으니까요.(기어드는 목소리로) 뚱땡이들 파이팅...♥

위험한 사람

"그 사람은 착해.", "정의롭고 좋은 사람 같아."라는 말을 가끔 듣는다. 그럴 때마다 난 침묵하거나 "사람들은 본시 다 착하지."라고 혼자 중얼거리는 정도로 넘어가는 편이다. 말 한마디가 먼 길을 돌고 돌아 맹독성으로 증폭되어 돌아올 것을 조심하는 것이다. 내밀한 습관, 관계, 품성, 가족, 우정, 사랑, 노동과 휴식을 잘 모르면서, 한두 사람의 전언으로 쉽게 착하고 좋은 사람이라고 믿다가, 나중에야 "사람 그리 안 봤는데 말이야."라거나, "날 배신하다니!"라며 거품 무는 모습을 본다. 그게 변절이나 배신이 아니라, 혹 당신의 안목과 믿음이 헤퍼서 그런 건 아닐까.

서로 깊이 모르는 사이라면 가능한 한 말조심하자!

꺼진 말도 다시 보자!

그 착하고 좋은 사람이 천하의 바람둥이며, 사기에 가까운 방법으로 나랏돈 삥 뜯는 기술도 좋으며, 걸핏하면 가정폭력으로 경찰서 들락거리다 알코올 중독으로 이혼했으며, 한때 동료들 앞에서 견해가 다르다고 식칼 휘두르며 미친 듯한 충동으로 설쳤던 사람일 수도 있다.

그는 착하고 정의롭고 좋은 사람이라기보다 생각 밖으로 '위험한' 사람일지도 모른다.

저혈당

어젠 약간의 쑥떡과 물 한 잔 마시는 거로 때우고 종일 식물 정리에 몰입했는데, 오후 다섯 씨쯤 되자 극심한 허기가 찾아왔다. 저혈당인지 달팽이관의 문제인지, 까닭 모를 현기증으로 곧 쓰러질 것 같은 느낌이어서, 냉장고를 뒤졌는데 먹을 게 없었다.

부리나케 차를 몰고 연지시장 빵집에 갔더니 마침 공갈빵 발견, 있는 거 전부 다 달라고 해 11개 떨이해 왔다. 앉은자리에서 우유 대짜랑 공갈빵 다섯 개를 미친 듯 흡입했는데, 몽롱한 느낌이 거짓말처럼 사라지는 걸 보니 아, 저혈당이었구나 싶었다.

남은 여섯 개도 아마 오늘 넘기기 어려울 듯...@"@;;

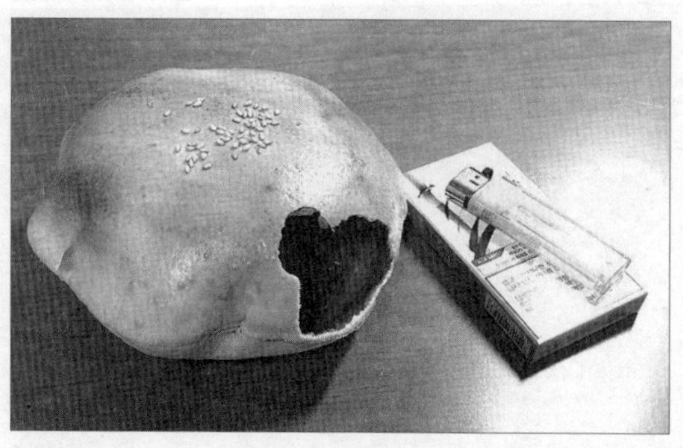

수선집

여름이면 잠자리 날개 같은 삼베 한복을 주로 입고 지냈는데, 너덜너덜해져 다 버리고 나니 집에서 편하게 입을 옷이 없어 요 며칠 팬티 차림으로만 지냈다.

아내가 쇼핑몰에서 발견한 가장 큰 사이즈라며 허리 42, 4XL 8.700원짜리 고무줄 반바지 두 개 사줬다.

아, 소창 대창을 짓누르는 쌍 고무줄의 압박!

집 앞 수선집 갔더니 장당 수리비 오천 원, 배꼽이 너무 컸다.

"고무줄 새로 넣어야겠어요. 허린 얼마로 늘일까요?"

"허리는 고무줄로 사십오, 기장은 이 인치 줄여주세요."

"세상에! 수선집 문 열고 사십오는 처음이네요!"

"......"

이 아지매 은근히 콕콕 찌르네...@"@;;

추락

광주 딸네 왔다가 볼일 다 보고 빛고을 유람 중이다. 더블베드를 예약했는데 침대 하나가 너무 작다. 아내와 막둥이는 큰 침대에서 자고 난 좁은 1인용 침대에 누웠다. 잠결에 돌아눕는다고 뒤척이기만 하면, 몸의 특정 부위에 가해지는 낙하 에너지 탓에 본능적인 쇼크가 와 밤새 자다 깨기를 반복했다.

결국, 꼭두새벽에 하얗고 두꺼운 이불을 끌어안고 난 논개처럼 추락했다. 어둠 구석 깜짝 놀라 '이놈의 스몰사이즈 세상'을 한탄했지만, 아내와 아들의 코고는 소리뿐. 한 번 침대에서 떨어지고 나니, 디자인도 좋고 작으면서도 안전한 1인용 침대 설계도가 머릿속을 헤집어 아침나절까지 잠을 설쳤다.

늦게야 일어나 침대사이즈 확인하지 않고 예약했다고 막둥이에게 투덜댔더니 들은 척 만 척이다. 자연별곡이란 거대한 뷔페식당서 막둥이랑 5.18 당시의 광주 상황을 해장 모다로 팡팡 돌리며 배때지 기름칠 좀 한 후, 부슬비 내리는 고속도로를 달리고 달려 드디어 집구석에 무사히 안착했...^^

내적인 엄격함

오늘 백병원 2층 원무과 앞 풍경. 연신 기침을 하며 다리를 꼬고 앉은 20세 내외의 아들과 엄마. 아들은 꼰 다리를 흔들어대며 친구와 큰 소리로 통화 중이다. 내용은 거의 '다운', '파일', '이미지', '전송' 따위의 컴퓨터 용어, 주변을 배려하지 않는 아들의 큰 목소리에 기죽은 엄마는 몹시 조심스러운 태도로 아들에게 가슴 사진을 찍어보자고 권한다.

"엄마, 왜 그래?"

잔뜩 짜증 섞인 표정으로 "어서 돈 내고 나가자."며 일갈하더니, 다시 폰을 열어 다른 친구와 큰 소리로 게임 관련 내용으로 신나게 전화한다.

자신과 주변을 돌아보는 마음을 잃고, 그저 쉽고 재미 넘치는 '중독의 세계'에 빠진 아들, 어찌할 줄 모르는 중년 엄마의 왜소함과 불안, 두 사람이 원무과 앞을 벗어날 때까지 난 그 모자를 가만히 지켜보았다. 저리 다 큰 아들을 병원에 데리고 다니며 노예처럼 눈치만 봐야 하는 저 엄마가 어떤 시기, 잘못 끼웠을 첫 단추의 내용을 생각한다. 성장기 내내 완급을 조절하지 않고 '사랑'이라는 이름으로 퍼부었을 즉물적 애정, '자유'만 넘치고 지성과 엄격함이 없는 환경, 품성과 가치가 아니라 성적과 상장으로만 평가받았을 성장기, 급기야 소통 방법조차 상실해버린 엄마와 아들의 모습이 씁쓸했다.

난 상담실에서나 인문학교실 학생들에겐 자전거, 오토바이,

보드와 같은 걸 통학 도구로 쓰지 못하게 하며, 반드시 대중교통을 이용하거나 걸어서 오게 한다. 이는 복잡한 환경 속의 사고 예방도 중요하며, 사회성의 외연을 넓히는 데 도움이 되는 엄격함을 가르치기 위해서이다.

재활의학협회의 통계에 따르면 청소년기 이륜차 사고 대비 장애 비율(1~5급)이 거의 20%에 이르며, 도로교통공단 통계 중 20세 이전 도로 상 사고율은 자동차 사고 1.3%에 비해 이륜차 사고는 30%가 넘는다.

아무튼 성장기 자녀를 둔 부모에게 있어 지성과 자유를 위한 내적인 엄격함이란 참 어려운 과제이다.

악성 암종(癌腫)

TV를 보니 우리가 아무리 분리수거해도 종이 말고는 재활용이 거의 안 되고 있네요. 전국의 한적한 산과 들엔 우리가 모르는 쓰레기 산이 계속 생기고 있음을 보았습니다. 천 톤, 이천 톤 폐기물 처리허가를 받은 후, 수만 톤의 쓰레기 산이 되도록 돈만 벌고 잠적하는 업자들, 관련 법조문과 행정인력 부족을 탓하며 손 놓은 군청 시청 공무원과 환경부.

끊임없이 민원 넣고 싸우다 지친 주민들 중 일부는 평생 일군 농사와 농장을 버리고 고향을 등집니다. 쓰레기 산 내부의 가스가 자연 발화해 엄청난 대기오염을 일으키거나, 가까운 하천이나 강으로 흘러드는 침출수의 오염도 여간 심각한 게 아니었습니다. 주변 지하수와 논밭, 마을주민의 삶 전체를 위협하며 광범위하게 오염되고 있는 현실에 기가 막힙니다.

도시 사람들이 모르는 사이 외진 곳에서 거의 버림받다시피 한, 쓰레기 산 주변에 사는 원주민의 저항, 그 한 서린 분노와 절망에 모골이 송연합니다.

여전히 플라스틱 사용량 세계 1위, 참말로!

이 체제가, 우리의 일상이, 일회용 소비와 일회용 문화가 한반도 구비구비 산천의 악성 암종(癌腫)인 듯.

대동단결

미통당을 중심으로 대동단결하라고 박근혜가 옥중 메시지를 보냈다는 뉴스를 보며 아내에게 말했다.

"밥통에 밥이 있어도 이만 원짜리 배달 통닭으로 저녁을 때우신 위대한 황근혜 님, 먹지도 못할 음식에 돈만 내야 하는 저는 대체 누구랑 대동단결해야 할까요?"

"흐흐흐, 오빠는 전국 구석구석 식당에서 돼지국밥을 먹고 있을 몬쉥긴 뚱땡이들에게 대동 단결의 메시지를 보내세요."

"아니, 난 이제 정우성의 실루엣을 숨길 수 없을 만큼 점점 날씬해져서 뚱땡이들에게 구국의 메시지를 보낼 자격이 없어졌어."

"호호호, 그럼 잎 다 떨어진, 전국 구석구석 아파트 베란다의 삐리한 반려식물을 향해 메시지를 보내시든가."

크, 날이 따뜻해지니 모다 출력도 세다!...@"@;;

베토벤 방구

아침에 일어나며 크게 기지개를 켜고 누워 스트레칭을 하는데, 뱃고동 같은 묵직한 저음의 방구가 부우붕 나왔다.

"오빤 투명해야 할 아침인사가 방구예요? 깔끔하고 샤프한 매력에 빠져 결혼했는데 어쩜 갈수록 돼지우리에 갇혀 사는 기분인지."

"왜 이래? 우리 할머니가 날아가는 방구로 시비걸면 돌상놈이라 했거든."

"바람에 흩날리던 그 베토벤 머리결은 다 어디 가고 아침에 눈 뜨면 박박 민 돼지 한 마리가 누워서 방구나 북북 뀌고, 그렇다고 무슨 예술성도 없고."

"아차, 난 돼지가 아니라 베토벤이었지. 방구 미안!"

오늘은 백병원 검사 받으러 가는 날, 뜬금없이 베토벤까지 나왔으니 예술적으로 보내보자, 씨바!

뚱뚱한 할매들

나의 두 누님, 그저 사랑스러운 두 할매 뚱땡이, 만나자마자 수다 작렬이다.

"빤쭈 목사 그 더럽고 숭축한 새끼는 그냥 단두대에 달든지 총살해야겠더라. 대통령은 그런 놈을 왜 그냥 둔대?"

"언니야, 조선 테레비 절대 보모 안 돼, 가랑비에 옷 젖듯이 그짜게 홀리모 대가리 클난데이."

"마안노무 손들, 그 잘생긴 사람을 왜 난리벅구를 치고 지랄해서 쑥대밭으로 만든대?"

"그자, 썅노무 새끼들! 똥통에 빠져 지몸에 똥 범벅을 한 것들이 방구 뀐 놈에게 냄새난다고 지랄하는 꼬라지가."

73세, 78세, 두 누님의 이상형 타령에 슬쩍 꼽사리 꼈다.

"누부야, 글쎄 나더러 평생 찾아 헤맸던 이상형이라며 사랑을 고백한, 유치원 하는 49년생 할매 있었데이."

"할마시 미쳤제. 와? 한 잘해보지?"

늙은 누부야들 주방 수다를 들으며 실감했다. 뚱뚱한 할매들은 중장년의 늘씬한 미남형에 본능적으로 끌린다는 걸...^^

* 숭축한 / '흉악망측하다'의 경상도 사투리
* 난리벅구 / '난리'와 '야단법석'을 합친 사투리
* 마안노무 손 / '망할 놈의 자식'이란 뜻의 사투리
* 누부야 / '누나', '누님'의 사투리

옳은 말

범람하는 옳은 말로 사회가 건강해진다면, 우리는 얼마나 훌륭한 정치인을 많이 가진 행복한 국민인가? 하지만, 주구장창 옳은 말만 계속하는 사람일수록 인간의 보편적인 양심과 반대되는 행동을 할 가능성이 큰 사람이다. 타인에 대해 무관심하고 이기적이어서, 심각한 문제가 자신에게 옮겨오지 않게 하려고, 양심에 반하는 상황에 대한 방어기제로 옳은 말이 지닌 사회적 의미를 선택하는 경향성이 있다. 동조, 공감하는 태도를 보이다가도 자신이 불리해지면 즉시 입장을 바꾸며 보신에 급급한다.

그다지 도덕적이지 않으며 몹시 게으르고 공감능력이 부족한 아이의 부모를 만나보면, 의외로 공자 왈 맹자 왈 교훈적인 언어가 넘친다. 아이들은 매사 해석하는 부모나 교사의 언어를 통해 배우는 것이 아니라, 부모의 노동과 일상의 태도를 보고 배우며 자라기 때문이다. 내 아이가 정직하길 바란다면, 부모가 정직해야 한다.

옳은 말만 하는 사람보다, 때론 허술하고 화내고 잘 울고 잘 넘어지고, 넘어졌다 일어나도 낙관할 수 있으며, 자주 보듬고 자주 속삭이며 실수나 잘못의 용서를 쉬 구할 줄 아는 사람이 더 좋은 사람이다. 그는 삶의 무게만큼 자기 모습을 정직하게 드러내고 사는 사람이기 때문이다.

밤마다 취하고 수다 떠는 게 유일한 낙이어서, 걸핏하면 동네방네 시빗거리의 중심이 되는 사람이 술만 깨면 나라를 걱정하고 문화를 걱정한다. 이른바 꼰대가 되어 걸핏하면 옳은 말을 하는 자신의 주장과 시선을 타인에게 강요하기만 하지, 스스로는 돌아보기가 안 된다. 제 배가 고프면 스스로 차려먹어야 하고, 껍데기도 셀프로 까야 하는 게 인생이다...^^

울릉도

TV에서 울릉도를 보더니, 아내가 울릉도 가고 싶단다.

"거긴 주의보나 경보 떨어졌다 하면 일주일씩 발 묶이는 게 기본이라 갔다가 큰일 날 수가 있어."

"경치도 그렇고 둘레길이 너무너무 아름답던데...“

"난 울릉도 싫어. 코끼리 바위, 삼선암, 성인봉 원시림, 폭포, 너와 지붕, 주상절리, 다 별로야. 그리고 배를 타거나 땀 뻘뻘 흘리며 걸어야 하는 곳이라 우리는 불가능해."

"울릉도 가봤어요?"

"자연 다큐에서 여러 번 봤는데 별로 호기심도 안 생기고 뭐, 안 가도 비디오랄까."

"오빠, 인류의 보편적이고 소박한 꿈을 그런 식으로 뭉갤 수 있어요? 확 울릉도로 가출해버릴까?"

"당신이 가출해도 울릉도는 안 찾을 테니 울릉도에 노는 할배 한 사람 수배해놔."

"쳇, 내일 사위 오면 지난 35년간 오빠가 저지른 만행 하나하나 끄집어내 모조리 고자질할 거야, 씨바!"

"사위?!"

쪼쿰 쪼릿...ㅠㅠ

모태 나와바리

부산역 노숙을 거쳐 수정동 비탈의 쪽방촌에 자리 잡은 영감님, 나의 북콘서트에 시 낭송이나 노래로 단골 출연하는 분이다. 유년기 머슴으로 팔려가 문맹 상태로 일만 하며 사신 분으로, 글쓰기 수업을 나랑 몇 년 하셨다. 기초수급비 쪼개어 매일 지하철로 버스로 갈아타고 반송까지 다니며 고교 과정을 졸업하셨다.

오랜만에 모태 나와바리인 초량으로 가 마늘보쌈 안주로 가볍게 한잔, 바글바글 폭풍 수다로 시운전을 마치고, 수정동 홈플러스에서 생필품 한 보따리 사들고 쪽방으로 갔다. 여러 권의 앨범을 펴고 노숙 이후 정착하며 찍은 사진들, 미리 준비해 두셨다는 영정사진을 앞에 놓고 굽이굽이 인생을 주고받았다.

헤어지는 길, 로또 두 장 사서 한 장씩 나눠가지며 말했다.

"누구라도 1등 2등 걸리는 사람 무조건 반팅, 오케이?"

"오~케이!

복권판매점 계단을 내려오며 둘 다 미칠 듯 웃었다. 내일은 토요일, 당첨 확인을 빙자해 서로에게 빌딩 세우는 공갈을 칠지도 모른다...^^

경주 이야기

경주에 갈 때마다 느끼는 거지만, 이름난 유적지 입구는 너무 산만하고 너저분하며, 산뜻한 디자인으로 통일된 안내판도 구조물도 없고, 매표소 앞 너른 마당이나 목 좋은 모퉁이는 상인들이 죄다 점령하고 있어, 수십 년 전이나 지금이나 볼썽사나운 풍경인 건 변함이 없다. 번득이는 알루미늄 틀로 지은 주차 안내소, 초록색 철망으로 둘러쳐진 주차장, 날림으로 지은 엉터리 기와지붕 매표소, 조화를 생각하지 않고 여기저기 내단 돌출형 간판, 그리고 조금 넓은 빈자리엔 어김없이 알록달록한 대형 풍선광고판이 서서 몸을 흔든다. 수학여행이든 일반 단체관광이든, 몰려다니는 학생들이나 관광객이나, 교사나 인솔자나, 그저 교과서에 나오는 유적지 안팎을 솜사탕이나 아이스크림 들고 호각 소리에 맞춰 우르르 휩쓸려 다니는 풍경이, 어쩌면 제대로 된 시스템을 갖추지 못한 유적지 관리정책 탓이지 싶다.

작은 화장실, 주차안내소, 매표소, 유적지 안내도, 주변의 상점 간판, 입구로 오르는 계단이나 기둥엔 통일된 디자인도 없을뿐더러, 고작 복사지에 코팅해서 테이프로 붙여놓은 게 꼭 과거 삼류 극장의 입구를 떠올리게 한다면 과장일까. 울긋불긋한 색의 플라스틱으로 만든 신랑 신부 구조물이 유적지 대문에 버젓이 서 있는 걸 보면 기겁할 지경이다. 오랜 유적지 풍경이 이토록 '도떼기시장'이 되어버린 걸 보고도 지자체는 문제의식을 느끼지 않는지, 맡은 구역을 일일이 찾아다니며 자신의 일감을 담당자가 체크하고 있는지 의문이다.

역사는 인간의 문화적 소양에 정신적 매개로 깊이 작용하는, 이른바 인문학의 핵심이다. 도시 전체가 천 년을 건너오면서 머금게 된 무수한 사연이 지천으로 펼쳐진, 문화재의 거대한 보고가 되었으니 수준 높은 문화재 관리정책은 필수다. 경주를 찾은 사람들에겐 언제든 다시 찾고 싶도록 조화롭고 깔끔해야 할 텐데, 자세히 들여다보면 요원한 일이다.

만발한 꽃과 나무와 무덤이 절묘한 조화를 이루는 첨성대 옆 잔디 광장 한 쪽에는, 띄엄띄엄 철심 박고 하얀 밧줄 하나 달랑 걸쳐둔 꽃밭, 다양한 식물을 애써 심은 그곳의 울타리가 참으로 흉물스럽다. 천년고도 유적지를 관리하는 경주시의 행정 수준일까. 값싸고 예쁜 나무 울타리와 깔끔한 디자인의 식물 이름표가 얼마나 많은데, 대체 그런 발상은 어떻게 나온 건지 담당 공무원들, 제발 제집 가꾸듯 구석구석 애정을 갖고 둘러보길 바란다. 온통 조악한 것들이 유적지를 두르고 있어서야 이무슨 골든 시티며, 문화적 소양 운운한단 말인가.

* 경주시청 게시판 인증 절차가 지나치게 복잡해 게시가 어려워 포기했다.

엘프 통신 / 호접란

농장에서 호접란이 피기 시작하면 어서 내다 팔아야지 제때 팔리지 못한 아이는 졸지에 서비스 품목으로 신세가 급락한다. 화분에서 한 번 온몸 불태운 아이들은 몸 추스르기가 그만큼 어렵단 말인데, 같은 화분에서 해마다 꽃 피게 하는 건 더 어렵다. 꽃이 활짝 피고 나면 과립형 영양제 20~30알을 골고루 뿌려준 뒤 과감히 꽃대를 자르는 게 튼튼하게 하는 요령이다. 꽃대를 자른 후 영양이 충분한 시간을 보낸 아이는 내년이면 울퉁불퉁 근육질의 야생성 꽃대를 내뿜는다. 자른 꽃대는 수경재배 중인 곳에 꽂아두면 한 달 이상 꽃을 본다. 이틀에 한 번 뿌리가 촉촉해질 정도로 분무하고, 바람 잘 통하며 간접광이 밝은 창가가 최적이다. 직사광선, 후텁지근한 열은 쥐약임...^^

네 뜻대로 해

난 네가 평소 웃기는 말 잘 해서 꽤 재치 있고 유머감각 넘치는 사람이구나 생각했는데 글쎄, 한잔 두잔 들어가니까 했던 말 또 하고, 다른 얘길 하다가도 좀 있으니 또 하고, 남 얘기나 정치 비판엔 열을 올리는데 정작 네 얘긴 한 마디도 없고, 하지 않으면 좋을 법한 과장된 얘길 사실처럼 얘기할 땐, 어쩌면 네게 고착화한 습관이겠구나 싶었어.

좀 묵직한 느낌이면 좋을 텐데, 매사 말이 앞서거나 지나치면 일상에서 문제가 되기도 하지. 아무튼 우리 말 좀 줄이자꾸나.

과유불급이라 했는데, 너무 말이 앞서거나 지나치면 상대에게 가벼운 느낌을 주기가 쉽고, 말로 인해 서로의 관계에 부정적인 영향을 끼칠 수도 있어.

앞으로 나도 가려서 말할 테니까 서로 말 좀 줄이자. 응?

싫다고? 그럼 네 뜻대로 해...^^

자연주의 프로그램

오늘 아침 아내의 혈압은 250을 넘었고, 모니터는 측정 불가를 가리킨다. 늘 그랬지만 모니터 결과에 공연히 마음이 분주하다. 오랜 세월, 일상을 뒤흔드는 상황을 무수히 견디고 이겨냈지만, 최근 몹시 버거운 상황이 계속되고 있다. 뇌출혈과 뇌 대동맥 류, 콩팥을 비롯한 여러 장애로 인한 난치성 고혈압은 주치의 쌤의 관록으로도 현재까지 답이 없다. 온갖 검사로도 원인을 알 수 없는 극심한 두통, 타이레놀과 아달랏을 매시간마다 몇 알씩 털어 넣어도 가라앉지 않는 혈압, 부교감신경 절제술, 4차에 걸친 신경차단술도 잠깐, 밤마다 통증을 견디지 못해 눈물 흘리는 아내를 보며 나는 또 한 번의 파격을 실행한다.

오늘 주치의 쌤과의 면담결과에 따라 입소 날짜에 변동은 있겠지만, 잘 알려진 숙식형 자연식 프로그램에 한 달간 등록했다. 물론 주치의 쌤의 응급 처방을 상비하고 프로그램에 참여할 텐데, 워낙 고비용의 과정이라 방학 기간 열심히 참여해서 일상에서 실천 가능한 방법을 배워 나올까 한다. 초근목피로 연명 중이라고 무시로 농담했더니 정말 그리되고 말았다...ㅠㅠ

비용 절감을 위해 난 보호자로 참여하기로 했는데, 보호자도 만만찮은 비용이 들고, 일부 과정을 함께 해야 하는 프로그램이어서 한 달 후, 대전서 부산으로 돌아올 땐 거의 정우성의 몸매로 거듭난 황홀한 몸뚱어리가 되어, 아마도 뚱혁당은 곧장 해체의 길로 접어들거나 당수 자리를 내주어야 할지도 모르겠다.

프로그램 진행 중에도 약속된 부모교육과 몇 차례의 단체 특강은 예정대로 진행할 것이며, 큰비가 오거나 바람이 거세면 식물 관리를 위해 한 번씩 집으로 와야 한다. 간절하면 우주가 돕는다 했는데, 나의 이번 결단이 아내의 몸에 기적의 맹아가 싹트는 계기가 되기를. 보살펴주소서…()…

내성 손발톱

아내의 손발톱은 내성이라 양 끝으로 살을 파고들며 자란다. 겉으로 보기엔 왕비 같은 손발톱인데, 정작 본인은 몹시 아파하므로, 특히 엄지 손발톱은 자주 손질해 주어야 한다. 이른바, 내성 손발톱 처리법이다. 흠흠…^^

먼저 큰 손톱깎이로 중심에서 바깥쪽으로 크게 반원을 그리며 찍은 다음, 손발톱 꽁다리를 손가락으로 집어 양껏 힘주어 무식하게 뜯어내는 방식이다. 깊은 곳까지 박힌 뿌리가 쑥 뽑히는 느낌이 들면 성공인데, 거의 찢어서 제거하는 방식이다.

조준을 잘못해 뜯으면, 굵은 핏방울이 주르르 흘러내리며 심약한 무의식을 뒤흔들기도 하지만, 정확히 조준 타격해 뜯으면 피는 날똥말똥해도 굵은 뿌리가 통째로 뽑히는 게 쪼굼 스릴도 있고 성취감도, 집중력 고양효과도 있다.

눈이 침침하다 보니 코앞으로 바싹 당겨 작업하다 보면 발꼬랑내가 진동한다. 아, 엄밀하게 말하면 꼬랑내라기보다는 들기름에 들들 볶은 애호박 향기에 가깝다. 그 무슨 사랑의 향기랄까…^^

외롭다

우울하고 슬프고 힘들고 난처한 일을 반복해서 겪으면 고난에 대응하는 힘이 강화되는데, 그 힘을 '회복 탄력성'이라고 하며 흔히 '삶의 내공'이라고도 합니다. 반복된 실패와 절망감으로 극단의 선택을 하는 사람도 있지만, 대체로 고난을 견디고 이기려고 애쓸 때, 우리 내면에 축적되는 또 다른 에너지를 말합니다.

회복 탄력성이 강화되면 감정 조절과 상황에 대한 분석력이 강화되며, 충동을 스스로 통제할 수 있고, 외부와 공감하고 소통하는 힘이 좋아져 상호관계의 균형을 긍정적으로 유지하려는 '자아 확장력'도 커집니다. 이 자아 확장력은 이른바 우정과 사랑도 여물게 하고 더 깊게 만듭니다.

대개 교우 관계를 보면 그 사람의 자아 확장력을 알 수 있는데, 친구를 보면 그 사람을 알 수 있다는 어른들 말씀은 그런 면에서 지혜로운 가르침입니다. 친한 벗과 만나 질펀한 수다와 진실한 공감을 주고받는 연습, 아무리 강조해도 지나치지 않습니다. 서로의 삶을 지지하는 확실한 정신적 응원 방법은 긍정의 기운이 넘치는 '만남'에서 시작하니까요.

깊은 밤, 흔들리는 이파리처럼 외로움에 떨며 이 글을 올립니다. 우리 외로울 땐 서로에게 '외롭다'고 외치자고요...^^

과잉성장

한 열흘 계속 비가 오다 말다 흐리다 잠시 개었다, 식물을 사랑하는 사람에겐 햇살이 더없이 소중하다. 아스팔트와 시멘트에 제멋대로 쏟아져 낭비되는 햇살이 아까울 지경이다.

미친년 널뛰듯 변화무쌍하던 날씨가 오늘 다소 흐리긴 하지만, 틈틈이 뽀얗게 햇살 들락거리니 참 좋다.

계단과 쪽마당에 나와 방긋 웃는 크고 작은 얼라들, 모처럼 비닐 걷어내고 봄바람에 몸 내맡기니 금세 잎이 뽀송뽀송하다. 오메, 귀엽고 사랑스러운 것들...@"@;;

오늘은 재활병원에 들러 상담 서류 제출하고 돌아오면 밤늦게까지 분갈이할 예정이다. 작은 화분에 비해 지나치게 몸이 큰 얼라들은 넉넉한 곳으로 옮겨 심어 여름이 오기 전 뿌리가 자리 잡도록 해야 한다.

사람도 식물도 과잉성장으로 속 썩이는 녀석이 꼭 있다. 덩치는 큰 게 잔병치레에다 물러터진...^^

꼼수

인간과 달리 최적의 생육환경이 아니면 요것들은 꽃도 열매도 없다. 햇살과 바람은 부족하고 물만 넉넉하던 실내에서 멀대처럼 키만 크던 녀석들이, 한데 내놓으니 바로 꽃대를 올린다.

이놈들은 견디다 힘에 부치면 한방에 간다. 폭염을 잘 견디는가 싶었는데 막판에 몇 종 죽었다. 낌새를 차리고 살려볼 수 있었음에도 바쁘단 핑계로 며칠 미루었더니 밤새 갔다.

식물은 꼼수가 없다.

건강한 성장기를 위하여

명절 연휴, 아이들을 떼로 보니 생각이 나 올립니다. 건강가정지원센터와 대안학교를 순회하며 '성장기의 일탈과 가정에서의 일상적 방법'을 주제로 한 학부모 대상 순회강연 원고입니다. 모든 아이는 모두 다르게 자라지만, 거기엔 뚜렷한 성장의 법칙이 있으며, 성장에 동력으로 작용하는 정신적인 힘을 상담 사례를 통해 살펴보도록 하겠습니다.

1. 창의적인 생각

창의성은 수학이나 영어처럼 반복해서 가르친다고 느는 게 아닙니다. 미국의 심리학자 토랜스는 "창의성이란 더 깊게 파고, 다시 들여다보고, 때론 실수를 감수하고, 고양이에게 말을 걸어보고, 깊은 물속에 들어가 보고, 잠긴 문밖으로 나오고, 태양에 플러그를 꽂는 일"이라고 했습니다.

어울려 노는 일, 먹는 일, 입는 일, 주변을 바라보는 일 등 생활에서 보는 아이들 행동 하나하나가 창의성과 관련이 깊습니다. 아이들에게 매사 설명하려는 자세를 취하거나, 끊임없이 훈육하고 분석하려는 부모의 자세는 창의성의 싹을 자르는 일임을 명심하시길 바랍니다.

대체로 분석적인 부모유형은 인텔리 부모의 특징이며, 이는 아이의 일상적 집중을 방해하는 잔소리꾼의 유형이기도

합니다.

생활 속에서 창의성을 발달케 하는 좋은 방법의 하나는 요리하기입니다. 계량컵으로 양을 재보고, 물을 적당히 섞어 계란을 휘저어 변하는 모습을 보면서 양을 터득하거나, 왜 영양소가 우리에게 필요한지 생각하게 되며, 성장기의 호기심을 다양하게 충족하는 계기가 됩니다. 협응력, 조정력과 같은 신체발달은 물론이고, 아이의 지성을 자극하는 온갖 냄새, 더 맛나고 보기 좋은 요리를 만들기 위한 지적인 발달도 함께 이뤄지므로, 혹 아이가 주방에 들어와 조금 어지럽힌다고 굳이 나무라지 말길 바랍니다.

자신만의 공간과 시간을 가질 책임, 상상의 나래를 펼치는 자유의 경험을 통해 스스로 탐색하고 생각해볼 수 있는 동력이 만들어지는 법입니다. 좀 더 창의적인 아이디어, 새로운 발견, 호기심 등을 자극하고 배려하는 환경을 조성해줄 필요가 있습니다.

2. 독립적이고 문화적인 습관

화장실은 성장기 아이들이 독립심을 키울 수 있는 훌륭한 공간입니다. 어른들이 씻고 정리하기에도 만족스럽지 못한 현대의 화장실은 아이들에겐 생각보다 밀폐되고 차가운 질감의 공간입니다. 아침저녁으로 반복되는 부모의 씻기와 관련한 훈육은 심리적으론 아이들이 물을 즐기며 더욱 문화적인 경험을 갖게 하는 데에 방해요소로 작용합니다.

두 돌 전후부터 화장실에서 자유롭게 비누놀이, 세탁하기, 장난감 씻기와 같은 물놀이를 하는 것이 좋으며, 아이를 배려한 약간의 소품준비도 필요합니다. 낮게 걸린 수건과 비누, 예쁜 전용 세숫대야, 작은 빨래판과 낮게 만든 빨랫줄 같은 걸로도 아이로 하여금 더욱 문화적이고 교양 있는 생활을 경험하게 합니다.

자기 몸을 차분하게, 순서 있게 씻을 수 있고, 더러워진 옷을 스스로 빨아 입을 수 있다는 것만으로도, 더없이 중요한 독립성 발달에 이를 수 있습니다.

3. 일의 순서

비바람 치는 날 등교하는 아이들을 유심히 보면, 아이들이 얼마나 일의 순서에 익숙하지 않은지 깨닫게 됩니다. 유년기에서 청소년기까지의 아이들이 겪는 자잘한 심리적 곤란에 대해 정확히 이해하지 못하는 부모나 교사들 가운데에는, 아이들에게 일의 순서를 가르치기보다 매순간 도와주고 설명하기만을 반복하는 사람들이 있습니다.

아이들은 아직 모든 것에 경험이 부족하므로 어떤 순서로 해야 효과적일지 잘 모릅니다. 배변 후의 처리와 정리하기, 흐르는 콧물을 닦고 씻기, 손수건 사용하기, 손님에게 차 권하기, 신발과 우산 정리하기, 잠자리 펴고 개기, 과제물 챙기기 등 매일 반복해야 하는 일상의 모든 일이 아이들에겐 복잡하고 귀찮고 생소한 일입니다.

좀 더 어릴 적부터 차근차근 하나씩 순서 있게 일하는 모습을 보여주는 일과 그런 요소를 주목하고 노력하는 부모의 태도는 매우 중요합니다. 순서 있게 하지 않으면 안 되는 가벼운 다림질, 아버지 구두 닦기, 손수건 행주 빨래하기, 전통차 마시기 등을 어릴 때부터 경험하는 것은 좋은 방법입니다.

4. 편하고 깨끗한 의복

예로부터 옷은 마음의 표현이라고 했습니다. 어리다 해서 옷을 마구 입혀도 된다는 생각은 아이의 마음을 매일 조금씩 구겨지도록 조장하는 일입니다. 편안하지만 좀 더 깔끔한 옷을 입히도록 노력하시길 바랍니다. 게다가 모처럼 가족 전체가 외출하거나 공공기관의 행사, 전람회 같은 곳에 갈 때엔 정장 차림을 경험하게 하는 것이 좋습니다. 공공장소에서 함부로 뛰거나 함부로 떠들지 않게 하는 문화적 심리 기제가 의복에 있기 때문입니다.

양말도 신지 않고 트레이닝복 차림으로 학교 가는 아이는 아무 곳에나 앉고 아무 곳에서나 드러누울 것이며, 손발이 까맣게 더러워져도 씻어야겠다는 문화적 욕구가 덜 생기게 마련이며, 이는 스스로 독립적인 삶을 꾸려가는 의식을 약화시키는 동기가 됩니다.

문화적이고 건강한 아이들의 삶이란 자연 속의 원시적인 삶과는 의미가 전혀 다르다는 것을 이해하시길 바랍니다.

5. 충동적 사고

충동적인 도구란 구조, 소리, 색, 형태 등의 여러 개념이 원칙 없이 뒤섞여 있으며, 던지거나 부주의하게 다루어도 부서지지 않는 것들이어서 아이들의 주의력을 해칩니다.

전 세계의 유명하다는 장난감을 산더미처럼 쌓아두고 살아온, 지나치게 풍족한 환경 속의 아이가 심각한 학습부진에다 극히 산만하고 폭력적인 행동을 계속하는 것을 보았습니다.

백화점 완구코너를 지나치지 못하는 아이, 스릴 만점의 기구타기에 빠져든 아이, 폭력적인 그림과 내용의 만화영화와 오락게임을 상업화한 장난감에 빠져든 아이들이 의외로 많습니다. 대개 이런 아이들의 행동패턴은 생각의 주기가 짧고 신경질적입니다. 자연스럽게 사는 일이 자연 속에서 사는 것과는 내용이 다르듯, 자녀를 위한다는 명분으로 부모가 애쓰는 많은 일이 아이들에겐 독이 되는 경우가 많습니다.

집에서든, 야외에서든, 학교에서든, 만나게 되는 자극들을 자연스럽게 받아들이며 평화롭게 사는 연습을 해야 합니다. 범람하는 인스턴트 장난감과 게임기, 그 놀이 속에 숨어있는 상업주의와 폭력, 거기에 길든 인스턴트 정신은 마치 정신의 땟국처럼 아이의 몸에 붙어 다니게 되므로, 이를 부모가 애써 조장하는 일은 어리석은 일입니다.

넘치는 풍요를 끊임없이 아이에게 퍼붓는 부모들을 보며, 자녀에 대한 사랑을 통찰력 있게, 지혜롭게 표현하는 일은 쉬운 듯 어려운 일임을 절감합니다.

평화롭게, 천천히, 끊임없이, 일관되게 바라보고 배려하는 부모가 되도록 노력하시길 바랍니다.

6. 인사하는 것과 일하는 것

인사를 잘하고, 제 일을 열심히 수행하여 받는 칭찬은 아이들에게 진정한 기쁨을 느끼게 하며, 그렇게 습득된 타인에 대한 존중감은 결국 자신을 귀하게 여기고, 또 존중받으려고 노력하는 아이로 만듭니다.

집안의 어른은 물론이며 아파트 경비원, 이웃집 슈퍼, 세탁소 아저씨 할 것 없이, 늘 만나게 되는 분들께 지나칠 때마다 인사하도록 꼭 가르치시길 바라며, 또한 언제 어디서든 열심히 일하는 모습을 보여주시길 바랍니다.

아이는 부모의 발뒤꿈치까지 닮는다는 말이 있듯, 부모가 일상의 성실한 모습을 보여주지 못하면, 아이도 요령과 변명에 익숙하게 되고 제 할 일을 예사로 미루게 됩니다. 인사와 노동은 강요가 아니라 성실한 인간의 지성적인 생활이며, 끊임없이 지속되어야 하는 참된 교육입니다.

"안녕하십니까?", "반갑습니다.", "죄송합니다.", "주의하겠습니다.", "노력하겠습니다.", "제가 하겠습니다.", "감사합니다.", "수고하셨습니다.", "안녕히 계십시오.", "잘 주무셨습니까?" 등 마음을 나타내는 다양한 표현들에 대한 연습이 그래서 중요합니다.

7. 분명하고 지성적인 말

대화할 때엔 가능한 한 정확한 말로 소통하도록 하십시오.

"난 네가 마음에 들어.", "그건 잘못된 거야.", "모양과 색깔이 같은 것을 찾아서 가져오겠니?" 와 같이 분명한 의지와 분명한 뜻이 담긴 표현은 아이에게 분명한 지성을 느끼게 합니다. 다양한 교훈, 심리적 묘사와 억압의 비유를 나열하면 할수록, 교훈의 의미는 퇴색하고 내면을 주눅들게 하는 요소로 작용합니다.

아이들에겐 좀 더 분명하게, 요점만 간단히 말하는 연습이 필요합니다. 해선 안 되는 일은 언제나 안 되는 것이어야 하고, 좋은 일은 언제나 좋은 일임을 가르쳐야 합니다.

무슨 주제로 무슨 말을 하는지 모를 수다쟁이 부모는 자녀의 정신을 산만하게 합니다.

8. 진지하고 정성스럽게

건강한 자녀를 위한 중요한 주제들이란 게 대부분 서로 관련이 깊은 것들이어서, 진지함을 잃어버린 채, 즉흥적이고 산발적인 충동에 의한 인스턴트화한 일상은 유년기에서 청소년기에 이르기까지 매우 나쁘게 작용합니다.

음식, 학습, 과자, 놀이, 소비, 우정, 표현, 관계, 감각 등 이 모든 주제 앞에 인스턴트를 대입해 보고 그것을 극복할 수 있도록 노력해야 합니다. 아기가 태어났을 때 가졌던 신비함, 감사와 축복, 처음으로 음식을 먹을 수 있게 되었을 때의 엄마의 마음을 생각해보시길 바랍니다.

9. 소통을 위하여

경제적인 수입이 줄면 가정에 위기가 오기도 합니다. 아내는 남편을 탓하고, 의기소침해진 남편은 스트레스로 집과 가족을 멀리하게 됩니다. 이때 부모가 해야 할 일은 가사노동의 집중이 아니라 가족구성원과의 대화와 상대의 처지에 대해 이해하려는 노력입니다.

수입이 줄면 부부가 함께 노력해 벌면 되지만, 가족의 소통이 단절되면 모두에게 고통스러운 단계로 발전하게 됩니다.

(상담사례/ 울주군의 30대 중반 세 자녀 어머니의 경우)

10. 강연를 마치며

어느 날 길을 가다 세 살 쯤 되어 보이는 아이와 엄마의 대화를 우연히 듣게 되었습니다. 식당 입구에 내어놓은 작은 화분의 꽃을 본 아이가 한 송이를 툭 꺾었습니다. 그때 엄마는 "그럼 안 돼, 꽃이 아프잖아."라며 꽃에게 "미안해."라고 사과하라고 했습니다. 그러자 아이는 "미안해."라고 작게 속삭이며 사과했습니다.

작은 꽃 한 송이를 꺾어도 조용히 '사과'를 가르치던 엄마의 마음이 나중엔 은근히 변명에 능하고 폭력을 쓰며 약자를 왕따

시키고, 무시로 거짓말을 하며 소리 소문 없이 차별과 혐오의 언행을 일삼는 자녀를 바라보게 된다면, 그 얼마나 고통이 깊을지 생각해볼 수 있으면 좋겠습니다.

짧은 시간이지만, 체제의 무한 경쟁에 자녀를 던져놓고는, 성적을 위해 많은 걸 포기해야 하는 작금의 문화를 걱정하는 시간이었기를 바랍니다. 그 어떤 크고 위대한 담론보다, 아이들을 조용히 바라보고 도울 수 있는 각성의 시간이었기를 기도합니다.

반민중적인 민중상

보행 장애가 만만찮은 할배 한 분이 매주 성당에 오신다. 10여 년 전 뇌경색으로 쓰러지신 할배는 현재 장애 정도가 뇌병변 장애 3급인 아내와 비슷한 상태. 할배랑 같이 성당에 오시는 할매가 힘겹게 걷는 할배의 손을 잡아주거나 부축하는 모습을 한 번도 본 적이 없다. 늘 따로 떨어져 미사에 왔다가 마치 타인처럼 떨어져 돌아가신다. 난 두 분의 어색한 동행을 볼 때마다 그 일상이 궁금했다. 할매의 노골적인 '할배 외면'은 할배의 독립성과 재활 치료를 위한, 사려 깊은 행동일 거라고 미루어 짐작할 뿐. (기나긴 생애, 인생의 쓴맛 단맛을 다 본 할배 할매에 관한 나의 고정관념일까^^)

우리 부부는 걸을 때 언제 어디서나 아내의 성한 쪽 손을 내 왼손으로 잡고, 아내의 보폭에 맞추어 느린 속도로 걷는다. (허구한 날 지지고 볶는 부부가 뒤에서 보면 영화의 한 장면처럼 보일지도^^) 백병원 원무과 쌤 중 한 분은 그런 모습이 아름답다며 가끔 출납 정리를 고속으로 처리해주기도 한다.

대체로 우리 부부는 외출할 경우, 내가 일을 다 마쳤거나 없는 시간에 함께 하는 데다, 계단을 오르거나, 바닥에 퍼지르고 앉게 되거나, 급히 화장실을 찾게 가거나, 어두운 극장에 들어가거나, 번잡한 시장통을 걷게 되거나, 매순간 내가 빠르게 움직여 상황에 대처하므로 불편한 경우는 거의 생기지 않는다.

어제 주일 저녁 미사를 마치고 나오다 그 할매랑 계단에서 마주쳤을 때, 할매는 뜬금없이 할배의 보행 장애가 창피해 자기는 떨어져 걷는다며 내게 다정한 눈빛으로 말을 걸어왔다. (할매들은 대체로 뚱뚱한 중장년 남자에게 호감을 갖는다고 믿음^^)

"할머니, 왜요? 몸이 좀 불편할 뿐이지 창피한 건 아니잖아요?"라고 반문했더니 자기는 할배가 뒤뚱거리며 걷는 게 사람들 보기에 창피하다며 몇 번을 '병신' 운운했다. 그런 말을 들으니 느닷없이 똥물 한 모금을 꿀꺽 삼킨 듯 구역감이 치밀었다. 할매 얘기에 온몸 똥칠하는 기분이 들어, 난 입을 앙다물고 아내와 서둘러 성당 현관을 빠져나왔다.

인간의 내면에 웅크린, 발 여럿 달린 벌레가 식도를 거쳐 목젖을 타고 기어 나오는 느낌이었고, 더구나 옆에서 다 보고 들었을 아내 마음은 어땠을까 싶어, 난 급격히 그 할매에 대한 정서적 이질감에 사로잡혔다.

아내가 쓰러져 의식을 잃고 누워있을 때, 병문안 왔던 산동네 공부방 학부모 중 한 사람이 보름 정도 수업을 못했으니 납입한 수업료 중 몇 만 원을 보내달라며 쪽지에 계좌번호와 액수를 적어놓고 간, 그날의 참담한 기억과 감정이 되살아나 꿈틀거렸다.

내 삶의 좌표로 삼고 살아온 '민중', 그 실체 속에는 이웃을 향해 이토록 모질고 이기적이며 보수적이고 자기밖에 모르는, 체제에 철저히 포섭된 '반민중적인 민중상(民衆像)'이 있다.

모든 걸 쏟아부어 아동센터로 성장시키려 했던 삼광사 입구 산동네 들머리의 '들꽃 공부방', 아내가 쓰러진 후 아내를 일으켜 세우는 게 급선무였던 난 시설의 모든 집기와 가전제품을 대학과 이웃, 페북 친구들께 나누어 보내며 아프게, 그 지독한 언어들이 할퀸 내상(內傷)을 머금은 채 기나긴 투병을 이어왔다.

얼마 전 동지이자 친구의 추모식에 갔던 날 뒤풀이 때의 일이다. 강원도 여행 중 늦은 시간 손 흔들며 차 세우는 사람을 산간오지까지 바래다준 나의 페북 이야기에, 몇 사람이 그런 행위는 위험하며 혹시 모를 불미스러운 사건을 방지하기 위해서라도 그래선 안 된다고 말했다. 지천으로 사고가 나고 세상이 위태로우니 그러겠지만, 그렇다고 민중운동을 했던 사람들조차 누군가를 선제적(先制的)으로 의심하고 배제해서야 되겠느냐고, 혁명기 나로드니키의 품성론까지 들먹이며 나는 다소 흥분해서 일상의 입장과 태도를 공박했다. 민중의 변혁적 역동성과 동시에 현실 순응의 태도는 늘 동전의 양면과 같은 양가적 가치라고 생각하면서도...@"@;;

며칠 전 이층 쪽마당에 내놓은 대형 화분 몇 개가 쏟아져 가지가 부러지고 흙이 쏟아져 어지러이 되었을 때, 현관문 교체 공사 중이던 도급 노동자로부터 고양이가 침입해 화분 몇 개가 쏟아져 엉망이 되었다는 전화를 받았다. 겉으론 "아, 그 정도는 괜찮습니다. 신경 쓰지 마시고 일하세요."라고 나는 여유로운 태도로 그에게 말했지만, 그 사고는 그의 부주의로 발생한 일임을 난 이미 통화 중에 알았다.

"일하다 실수로 화분 세 개를 바닥에 떨어트렸습니다. 죄송합니다."라고 나에게 고백했더라면 얼마나 좋았을까. 공연히 죄 없는 '대박이'(근처에 사는 냥이 이름) 탓을 해 마음이 불편했는데, 일 마무리하러 온 그에게 수고했다고, 냉커피 한잔 내밀며 어깨에 파스 두 장 발라줬더니, 그는 담배 연기 뻑뻑 내뿜으며 사실은, 자기가 실수로 화분을 엎질렀다고 고백했다.

나보다 스무 살이나 적은 그의 어깨를 다정스레 감싸며 살짝 윙크를 곁들여 속삭여주었다.

"과오를 고백하는 민중이야말로 세상을 움직일 수 있다!"

순간, 그의 함박 미소와 함께 우린 눈이 맞았다...^^

두목의 완성

피 튀기는 서면 일대 나와바리 장악에 성공한 하리마오 성님이 내게 말했다. 두목의 완성은 이부가리 깍두기 두상에 넉넉한 중부지방, 한결같은 맨발에 보는 사람 은근 쫄게 하는 쪼리, 비수처럼 휘날리는 살벌 마왕의 묵직한 미소, 목 뒤로 살짝 보이는 쪼뻿한 용꼬리와 검정색 차이나 카라, 전화 한 통으로 즉시 집결하는 미상의 똥땡이들, 작은 수첩에 별표로 표시한 소두령 연락처, 로터리 일대의 고깃집 전화번호, 그리고 무시로 얼라들 앞에서 기분 좋게 열 수 있는 두터운 지갑이라고.

씨바, 다 되는데 마지막 조건이 안 된다...ㅠㅠ

온라인 접수

부사관과 장교를 위한 아버지 교육과 한부모가정 상담 네 시간 강행군 후, 뜬금없이 다녀가라는 늙은 누나의 전화를 받고 갔더니, 무려 다섯 종류의 김치와 된장을 차에 실어준다. 평생 엄마 같은 할마시!

집에 와 냉장고 두 개 구석구석 정리하니 빼곡하게 다 들어간다. 아내가 퇴원해 돌아오면 보나 마나 다 꺼내어 다시 정리하려고 할 텐데, 깔끔해 보이도록 정리를 마치고 나니 몸이 천근만근이다.

컴 앞에 앉아 막둥이가 갈 대학에 서류를 접수하려니 절로 욕 나온다. 계좌이체, 신용카드의 복잡한 결제과정도 그렇지만, 주소, 신 구 우편번호, 대표 전번 따위를 기입하는데, 뭔 다운로드가 이리 많고 속 시끄럽게 해놨을꼬? 씨바, 접수비는 또 왜 이리 비싸대?

* 할마시 / '할머니'의 경상도 사투리

민중의 사랑과 행복

광주 딸아이가 식물에 이상이 생겼다며 전화를 했다. 스투키는 두 달에 한 번, 보통의 다육은 보름에 한 번, 관엽은 일주일에 한 번 흠뻑 물주고, 화분 밑에 통풍구를 꼭 만들라고 두루두루 잔소리를 좀 하고 나서 딸아이에게 물었다.

"코로나 때문에 여러모로 힘들어졌지? 어때?"

"오빠 수입이 준 데다 병원비가 많이 들어 전보다 꽤 힘들어졌어요."

"주치의 쌤이 임신은 된다고 하시던?"

"걱정이에요. 이번 달 말에 또 시도해볼 텐데, 잘 모르겠어요."

"기도 열심히 하고 너무 급히 서두르지 마. 아기가 태어나면 이런저런 돈이 많이 드니까 평소 아껴 쓰고 저축도 좀 하도록 하고."

"알았어요. 아기 낳으면 엄마 아빠가 잘 키워주실 거라 믿고 있을게요."

"그럼. 당연하지."

"그런데 아빠, 참 신기해요."

"무슨? 왜?"

"전에 비해 형편이 어려워지고 문제는 쉽게 해결이 안 되는데, 오히려 오빠랑 사이가 너무 좋아진 거 있죠? 그래서 요즘 더 행복해졌어요."

"그래, 민중의 사랑과 행복은 고난을 통해 더 깊어지고 진실해지거든. 그 행복 매일 소중하게 여기며 살거라."

"고마워요, 아빠."

"고맙긴, 느거 얼굴 보고 싶으니까 조만간에 엄마랑 의논해서 광주 함 갈게."

"넹~"

가시나...♡

어머니의 언어

난 오래 사귄 분들과 대화할 땐 어머니의 언어를 쓰는 습관이 있다. 어젯밤엔 오랫동안 같은 공부를 한 동지이자 선배이신 원장 할매한테 전화를 했다.

"할매, 코로나가 시방 난리벅군데 가족은 모두 갠찬으싱교?"

"아이구 쌤아, 이기 무신 지랄인지 얼라들이 안 나옹깨내 사는 기 하루하루 적막강산이네."

"지난번 전화했을 때 기침 좀 하시더마는 인자 갠찬아요, 할매?"

"근 한 달을 집구석에 처박혀 쉬었는데도 아직 쪼끔 그렇네. 그 삐아리는 난리통에 다 건강하싱교?"

"야, 나는 시방 할매가 대기 보고 싶은데 우짜모 될까 싶네요. 다음 주에 마스크 끼고 칼컬케 손 소독하고 함 보까요?"

"흐흐흐, 그라입시더. 요새 식당 안 하는 데가 많던데, 다음 주에 구영리나 언양 가서 맛있는 밥 한 번 무그입시더."

"좋심더, 그라모 다음 주 전화 드릴게요. 할매 우짜든지 안 아푸구로 조심하고 잘 계시이소."

"야~ 쌤도요."

딸깍…^^

아무 수식도 없이 "잘 계시이소!"라고 인사하고 전활 끊으면, 옆집에 살던 재숙이 누나랑 통화한 것처럼 마음이 편안해진다. 사람들 앞에서 세련된 포준말(^^)을 쓰고 이런저런 형용사를 갖다 붙여 유들유들하게 모다 돌리고 나면, 듣는 사람은 쪼쿰 시인 같기도 하고 구수한 참지름 냄새가 나 좋을지 몰라도, 신경 써서 모다 돌리는 난 좀 피곤타. 새복 수다 끄읕...^^

* 삐아리 / 비탈, 동네, 지역
* 대기 / 많이, 크게, 억수로
* 칼컬케 / 깨끗하게

어딜 향한 포스트 코로나인가?

포스트 코로나란 말은 코로나의 창궐과 팬데믹 상황이 어느 정도 소멸한 이후, 다가올 새로운 시대상황과 그 준비 시스템을 총체적으로 이르는 말이지 싶다. 단기간에 수십만 건의 검사를 수행하며 확진자를 찾아내고, 확진자의 다양한 동선을 일일이 추적하고 가려내는, 매우 광범위하면서도 치밀하게 방역을 실천해온 국가적 차원의 전면 대응, 그 과정의 정보를 숨김없이 온 오프라인을 통해 낱낱이 공개해 국내뿐 아니라, 세계적인 방역 모범 국가로 부상한 국가의 리더십 차원에서 최근 자주 접하는 미래지향의 언어로 생각한다.

대통령이 최근 언급한 이른바 '선도형 경제'는 대체로 포스트 코로나의 구체적 실천과제로 보이는데, 코로나로 인한 전 국민의 유폐 상황이 다소 완화되기는 했지만, 여전히 'n차 감염', 혹은 '지역감염'이란 명칭으로 계속되는 상황에서, 전대미문의 감염병 사태를 겪은 국가권력의 코로나 이후 새로운 세상을 향한 왕성한 도전의식, 그 적극적 개척의지는 돋보인다.

첨단산업과 투자 유치를 위한 과감한 전략, 세계 최고의 정보통신기술 인프라와 경쟁력, 비대면 의료서비스, 온라인 병행 교육 등을 주장하며 세계를 선도하는 '디지털 강국'으로 나아가겠다는 의지, 그리고 코로나 방역에서 보여준 권력의 대대적이며 개방적인 현장 대응과 의료진의 노력, 위기를 극복하고자

하는 시민의식, 세계 표준이라고 할 만큼의 방역모델 정립, 세계로 수출하게 된 방역물품과 기술, 이런 내용들로 '포스트 코로나의 전망'을 그리고 있다.

대면 접촉을 최소화하는 온라인 비즈니스 확대, 코로나와 같은 전면적인 감염병 유행에 대응하기 위한 국가적 경험의 축적과 데이터화, 바이오산업, 시스템 반도체와 미래 자동차 산업으로 이른바 미래형 생존과 발전을 도모하겠다는 내용이었다.

팬데믹 상황에서 세계경제의 전망은 극히 우울하다. 관료들과 권력의 주변에서 흘러나오는 뉴스를 적당히 버무려보건대 올 하반기가 되면, 아마도 광범위한 민중의 삶이 신용파산으로 곤두박질하지 않을까 생각한다. 현재 비경제활동인구가 작년 같은 시기보다 83만 명 이상 불어났다는데, 코로나로 인한 실업 폭증이 갈수록 심각해지사 정부는 '한국형 뉴딜'이란 이름으로 대규모의 공공일자리 공급, 실업급여 확대를 말하고 있다.

무역의존도가 극히 높은 상태에서 교역량은 역대 최악이며, 고용률 최소, 실업률 최대인 현실, 아마도 올 후반기는 거의 짐작조차 어려울 정도로 경제상황이 악화될 것으로 예견하는데, 무엇보다 심각한 점은 최근 관료들의 입을 출처로 하는 화려한 코로나 대책들에서 눈에 띄는 민중구제책이 보이지 않는다는 것이다. 그것은 거대한 비정규노동과 광범위한 기층(基層)노동에 대한 노골적인 배제의 기조가 아닌가 의심한다.

서류로 담보할 아파트도 땅도 없으며, 매월 제날에 꼬박꼬박 받는 정액 급여도 없고, 하다못해 눈곱만한 떡볶이 가게도 소유하지 못한 비정규직 노동자, 5인 미만 사업장의 알바성 노동자, 광범위한 특수고용 노동자 등 기층노동자를 향한 지원책이라곤 전 국민에게 일괄 지급하는 일회성 재난지원금 뿐, 포스트 코로나의 속내를 들여다보면 노동존중이 아니라 체제존중, 기업존중이 우선으로 보인다. 코로나로 인한 기층민중의 생계는 전면적인 위기에 봉착하고, 지난 몇 달을 이어온 재난의 고통은 앞으로도 고스란히 비정규직노동자의 어깨를 짓누를 것이다.

경제 관료들은 기업의 고용 유지를 위한 특단의 지원을 반복해 말하지만, 여전히 비정규직노동자, 기층노동자들은 코로나에 추풍낙엽처럼 버려지고 있다. 실업 실직자를 포함한 모든 노동자에게 휴업수당과 실업 급여를 차별 없이 지급하고, 그들이 무너지지 않도록 의료지원, 정책지원을 아끼지 않는 포스트 코로나의 새로운 탄착점을 설정해야 한다.

자금난에 시달리는 기업과 중소 상공인, 자영업자에겐 1.5%의 낮은 금리로 정책자금을 빌려준다 하는데, 비정규직노동자들은 10~25%의 고리 대금을 쓰며 다달이 이자 만드느라 똥줄이 탄다.

이른바 권력이 말하는 '혁신과 포용'이 비정규 기층노동자의 뼈와 살을 바르는 형태여선 결코 가능하지도 않을 것이며, 코로나 이후의 새로운 세상 역시 '새로움'에 가닿기 어려운 물거품의 구호이며 뜬구름의 세상이리라.

주말의 응급실

주말의 응급실을 피하려고 매시간 아내의 상태를 체크하며 월요일을 애타게 기다렸다. 난치성 고혈압, 뇌동맥류, 뇌출혈, 심장, 신장, 부정맥, 고지혈증, 당뇨 등의 뿌리 깊은 기저질환으로 아내의 몸은 말년의 관록 있는 주치의 쌤께도, 삼십오 년을 보호자로 병원을 드나든 내게도 거의 불가지해의 세계다. 심지어 아내의 병력을 연구 사례로 한 내과 신경외과 세미나까지 있었고, 우리 부부는 인터뷰도 여러 차례 했다.

뇌, 심장, 신장에 첨단의 기술로 시도한 여러 번의 시술과 수술에도 이번처럼 난데없이 공격하는 원인불명의 혈압 변화와 그에 따른 혼란스러운 결과들로 때로는 목숨이 경각에 처한 경우도 있었다.

주치의 쌤이 안 계신 응급실의 담당의들은 대체로 데이터와 증세를 중시하므로 뇌, 심장, 신장의 시티나 엠알아이를 찍고 다양한 검사를 하게 되는데, 아내는 보통 사람들처럼 양팔에서 혈관 잡기가 매우 어려운 상태여서, 깊고 큰 혈관 잡는 일을 위해 목이나 사타구니에 구멍을 뚫는 게 보통이고 그 과정의 고통도 예삿일이 아니다.

물론 응급실에서의 고비용과 지속적인 고통을 수반하는 검사들이 히스토리의 중요 데이터가 되는 건 틀림없지만, 오랜 병력과 다양한 치료 과정을 수십 년 거친 아내의 경우 가능하면 응급실을 건너뛰려고 노력하는 편이다. 평일, 주치의 쌤 계실 때엔 그 과정이 거의 생략되고, 아내는 한결 수월한 과정을 거쳐 회복에 이를 수 있기 때문이다.

꼬박 7년의 입원 생활과 무시로 입 퇴원을 반복해온 아내의 몸은 그나마 최근엔 전보다 컨트롤이 수월해진 느낌이다. 늙수그레한 주치의 쌤의 섬세하고 치열한 노력과 연구, 그 관록의 깊이에 우리 가족의 존경심은 매우 깊다. 오늘 일찍 병원으로 가 주치의 쌤을 만나면, 늘 그랬지만 몇 가지의 검사와 처방으로 한결 좋아질 거라고 믿는다.

지금 아내는 수면제와 항경련제를 먹고 깊은 잠에 빠져있다. 어쩌면 꿈속에서 나 아닌 다른 뚱땡이와 데이트 중일지도(아내는 뚱땡이를 좋아함^^)...@"@;;

요 며칠 아내의 건강을 염려하며 기도해주신 여러 벗님과 동지들께 고마움을 전하고 싶어 이 글을 씁니다. 극도로 긴장하며 시간을 보내다 보니 일일이 댓글을 달지 못해 송구스럽습니다. 모두 기분 좋은 한 주 시작하시길 바랍니다...♥

뚱혁당 지부장들께

전국의 뚱혁당 지부장들께 알립니다. 정치판이 완전 쑥씩이판인데 공천 달라고 떼쓰거나 협박 좀 하지 마세요. 꼼수가 난무하는 와라바시 중심의 비례 정당에 뚱혁당은 참여하지 않습니다.

살다 살다 처음 보는 이런 양아치판에 뭐 하러 굵은 배에 힘줍니까? 치졸한 위성(빛도 안 나는 것들이^^)과 괴뢰(나는 콩사탕이 좋아요 류의^^)의 울타리 안에 둔중한 뚱땡이들이 들어가 몸 흔들며 밸리댄스 춰봤자 제대로 흥이 나겠습니까? 뚱땡이 의원 하나보다 방법과 과정, 가치와 기쁨이 더 중요하지 않습니까? 굳이 강요하진 않겠습니다만, 차라리 다시 짜는 게 나아 보입니다.

전국의 뚱혁당 지부장님들, 이번 총선에 뚱혁당은 후보 없습니다. 무시로 부러지는 일제 와라바시에 붙든지, 빨간 빨대에 붙든지, 공구리 속 수도 파이프에 붙든지, 드럼통에 붙든지 알아서 하시고요. 참으로 부끄러워 때아닌 땀이 줄줄 흐릅니다.

이상, 씨바!

서평

진실 된 '辱'은 '詩'가 된다 해도

강재일(前, 건국대 철학교양학부 교수)

그의 프로필은 리얼리스트로 시작한다. 이 땅에서 제대로 된 리얼리스트로 살아가려면 평범한 직장인의 정서가 바탕이 돼야 한다. 이를테면 큰 풍파 없이 마냥 착하게, 평범하게, 그냥 무난히 하루하루를 고만고만하게 사는 안정적인 삶. 그런 사람들의 일상은 지나치게 평온하여 주고받는 말조차도 싱겁다. 하지만 일상에 쪼들리는 사람들은 어쩔 수없이 거칠어진다. 그래서 그들은 거친 삶을 '욕'이란 도구로 카타르시스化한다. 그러지 않고는 정말로 미쳐버리고 말테니까. 그래서 그들의 일상에는 욕이 필수다.

욕! 욕은 쌍소리, 악다구니, 비아냥거림, 이런 말들과 같은 통속이다. 비슷한 이웃으로는 농(弄)이나 익살, 해학이 있다. 한 때 동인으로 활동했던 선배 학자가 있었다. 민속학자이며 국문학자였던 김열규 교수. 그가 펴낸 저서 중, 부제를 '그 카타르시스의 미학'이라 붙인, [욕]이란 제목의 책 표지에 이런 내용이 있다.

욕이라고 굴레 벗은 말이 아니다. 개망나니는 더욱 아니다. 욕일수록 얌치 갖추고 경위 바르다. 좀 사납고 망측하긴 해도 경위 바른 것으로 보상되고도 남는다. 경위 없이 잘나고 얌치 없이 지체 높고 점잖은 축들보다야 백 배 나은 게 욕이다.

참으로 공감 가는 말이다. 욕은 진짜로 '욕(辱)'이 되는가 하면, 때로는 '약(藥)'이 되기도 하니 말이다. 마음의 약이 되고 정신의 침(針)이 되는, 정도에 따라 병든 사회가 조금이라도 치유된다면, 욕은 반드시 그 오랜 그늘에서 벗어나 이제는 사회의 전면에 올라서야 할 때가 도래하지 않았냐고 그는 되물었다.

욕은 우리 삶 속에 마냥 널브러져 있다. 어떻게 보면 욕은 그냥 쌍소리가 아니라, 인간언어의 한 술책이요, 전략적 언어라 해도 틀린 말이 아니다. 더욱이 눈만 뜨면 욕이 쏟아질 것 같은 작금의 현실에서 그런 걸 표출 해 내지 못함이 오히려 언어능력의 문제로 대두될 수 있으니 더 수치스러울 따름이다.

규범론적 가치관으로만 따진다면, 욕은 당연히 배제되어져야 할 언어다. 하지만 메타 규범적 가치관으로 보면 얼마든지 용납 할 수 있는 말이 아닌가. 가치란, 평가의 기준이 명확할 때라야만 비로소 성립할 수 있는 잣대니 말이다.

이번 책에는 유난히 욕이 많다. 그런데 그 많은 악다구니에도 악의가 없는 게 신기하다. 나만의 느낌일까? 그러면서도 행간에서 느껴지는 오래 묵힌 장맛 같은 구수함. 이것은 그만이 구사 해 낼 수 있는, 갯내 섞인 토속의 사투리 덕분이 아닐까.

한데도 말미가 단출하다. 군더더기라곤 없다. 우리네 전통 문학인 시조(時調)에서도 마지막 종지사를 생략한다. 여백의 미를 살려 독자로 하여금 여유로움을 돕는다는 의미다. 문인화(文人畵)에서도 마찬가지다. 그림보다 여백이 많다. 그런 그의 글 중에 시도 때도 없이 등장하는 냉소(冷笑). '세숫대야', '양푼이', 사람의 얼굴을 표현하는 이 시니컬한 단어들조차 결코 낯설지가 않으니. '멀끄디', '꼴짭하다', 이 표현 또한, '결핍이 깊을수록 가난을 이기는 지혜.'란 표현처럼 국어 사전적 의미로는 도무지 해석이 안 되는 말들이지만 정겹기 그지없다.

그가 서문에 실은 글을 요약하면 이렇다. "매일 잠간씩 페북에 올린 짧은 단상과 산문, 시, 잡지사 기고문, 호흡이 긴 화풀이 등 중구난방의 글 쪼가리를 모아 독자에게 꾸역꾸역 희망을 드리고자 한다. 오랜 세월 난치성실환으로 투병하는 아내, 딸과 아들을 보며 사무치는 절망은 물론, 타오르는 분노마저 은유의 그림자로 가리고, 겉으론 하트 팡팡 날리면서 키득거리지만, 속으로는 '씨바', '니기미', '개새끼', '소새끼' 노래를 불렀다."

책은 총 4부로 짜여졌다. 영특한 아들, 딸과 사위, 쪽방 할배, 옆집 아재, 친구, 어느 청년, 페북 친구, 시바견 하찌를 등장시켜 일상의 희로애락을 펼쳐 나간다. 한편으론, 심지 없이 헛불

켜는 정치모리배들에게 칼침까지 꽂으면서.

“어떻게 죽는 것이 잘 죽는 것일까?”, 언젠가 내가 쓴 책 제목이 “어떻게 사는 것이 잘사는 것일까?”였다. 어쩌면 그와 나는 죽고 사는 문제에 대해, 이토록 극명하게 대립된 생각을 하고 있었을까? 하지만 기우다. 극과 극은 상통하는 법. 역시 그가 내린 결론은 나랑 같았다. 잘 죽는 것이 곧 잘 사는 것.

웅혼한 인간의 기운을 실천하는 건강한 영혼으로, 세상살이에 쪼잔한 얼라들에게, “소는 누가 키우노?” 하는 일갈(一喝)이 1부 내용을 대변한다. 그리고 ‘마지막 남은 만 원짜리 지폐 한 장으로 안나에게 선물한 빵.’ 이 대목에서 눈물을 보이지 않는 독자가 있다면 다시 한 번 참독(塹讀)할 지어다.

2부와 3부의 곳곳에 풋풋한 가족애가 그림처럼 펼쳐진다. 오버랩 되는 어머니의 회상. 그리고 어머니의 입을 빌어 쏟아내는 쇳물 같은 언어들. 그리고 ‘나의 시는’ 그의 진면목을 보여주는 대표작이다. 그의 시가 그의 시답다는 것은, 그의 마음이 그 모습 그대로 오롯이 다 드러나 있기 때문이다. 그의 ‘낚시 심리학’은, 그가 낚시에 얼마나 달통한 도사인가를 시사(示唆)하는 대목이다. ‘난 좋다’ 이 대목은 그가 좋아하는 사람을 스케치 한 걸까? 그가 좋아하는 사람? 무수한 일탈, 좌절, 투쟁, 슬픔이 무겁지만 조용히 몸을 대고 비비는 사람. 싫어하는 사람은? 자기 생애의 관성을 스스로 불태울 줄 모르는 게으름뱅

이, 그래서 어쩌자고? 답은 4부에 있다.

제 4부는 특별히 호흡을 길게 한 글들은 책 전반에 흐르는 기류와는 달리, 교육자로써의 훈교(訓敎)가 主다. 그러다가 마지막엔 반민중적 민중상에게 할 말이 많아진다.

상(賞)과 벌(罰). '인간을 기름칠이 필요한 부속으로 만들고, 대지의 노예로, 기득권과 권위의 추종자로 길들이는 그것이 상과 벌이다. 제 힘으로 사는 걸 배운 것들은 죽을 때까지 상과 벌 없어도 당당하다. 들녘의 꽃과 나무가 아름다운 이유다.'

그의 표현대로다. 왜 일상을 살아가는 우리에게도 상과 벌이 필요한가? 무욕의 상징 장자(莊子)는 인간의 본성을 자연과 교응하는 음양의 교신으로 보았다. 원효의 불교적 사유인 '불일이불이(不一而不二)'의 차연적 상보성. 이것은 데리다의 '보충대리성'과 맥이 같다. 세상에 존재하는 만물은 서로 다른 것이 하나로 동거하기 때문에, 자기의 고유성을 띤 '실체'가 아니라, '하나'는 '하나 아닌 것'의 타자(他者)로, 또 '하나 아닌 것'은 '하나'의 또 다른 타자로 서로서로 보충하고 대리해주는 그런 관계의 가유(假有)에 지나지 않음으로, 모든 것은 임시적인 이름에 불과하다는 것이다. 이처럼 모든 것이 이름에 지나지 않는 흔적만의 세상에서, 일방이 타방을 이기려고 애쓰는 일이란 참으로 부질없는 짓이 되고 만다. 뉘라서 세상을 바꾸랴.

헝가리 태생의 정치평론가인 쾨슬러(A. Koestler)는 세상을 바꾸려는 이상주의자를 두 가지 유형으로 분류했다. '요기형'과 '코미사르형'.

요기형은 인간의 내부적 변화가 사회적 변화를 수반한다고 믿는 '내성외왕적' 신념의 비폭력적 성인(聖人) 스타일이고. 코미사르형은 밖으로부터의 변화를 통하여 좋은 사회를 이룩할 수 있다고 믿는 공산당원 같은 스타일이다. 한마디로 요기형은 주자학을 신봉하는 성인(聖人)같은 유형이고, 코미사르형은 마르크시즘을 표방하는 혁명가 같은 유형. 하지만 아무리 세상 사람 전부를 한 가족처럼 긍휼히 여기는 지도자가 요기적 치도(治道)를 편다고 해도, 만인에 대한 만인의 천륜을 어찌 다 헤아릴 것이며, 아무리 차갑고 무서운 법률로 민중을 다스리는 악마 같은 지도자라 해도 인간 세상에서 일어나는 모든 사건들을 어찌 다 형벌로 처벌할 수 있단 말인가.

세상은 익명의 사람들끼리 서로 연대해 살아가는 곳이다. 그런 만큼, 성인의 요기적 도덕이나 코미사르형 혁명가가 한 공간에서 공생한다는 건 코끼리가 바늘귀 통과하는 것만큼이나 불가능한 일이다. 지금까지의 인류역사상 이런 경우가 단 한 번이라도 있었던가. 그러니 이젠 그런 세상 바꾸기의 노력도 방법을 달리 할 때가 되었다는 생각이다.

세상이 현실인 것은 마음이 본능의 눈으로 세상을 견분하기 때문이고, 눈으로 보는 세상이 무의미하다고 해서 새로운 이상으로 새 옷을 입혀야겠다는 결의를 하는 것도 각자의 마음이 빚어내는 이성의 작품에 불과하지 않은가. 자기 이상주의적 견분을 중심으로 타인들의 견분을 교정시키려하니 세상이 시끄러워질 수밖에. 그래서 종내는 권력에 의한 독선과 독재가 다시 기승을 부리는 계기를 제공하는 결과만 초래하게 되고.

또 선거철이 다가왔다. 위정자들의 공약이 남발되며 금방이라도 사회가 달라질 것처럼 요동친다. 그러나 그들의 공약이 제대로 실현 된 적이 과연 몇 번이나 있었던고.

그래도 나아진 구석이 있긴 하다. 그것이 그들의 덕인지, 국민의 노력 덕분인지 알 수는 없지만. 맞춤형 사회복지 또한 그런 결과물의 하나다. 하지만 작가의 눈엔 그 마저도 삐딱하다. 그래서 쏟아지는 욕. '체제의 아가리가 엘리베이트 같아 작지 않은 체구를 계단으로 한 칸 한 칸 쿡쿡 밟으며 내려 왔다. 왼발 '니기미' 오른발 '씨바'를 복창하며.' 시인의 욕이 예리(銳利)해서 시리다. '니기미 씨발'

과연 체제의 그늘에서 서식하는 그들이, 아침에 마시는 우유처럼 들먹이는 사회복지도덕이 이토록 이기석인 사회로부터 우리를 벗어나게 하여, 언제쯤 비 이기적인 낙원으로 만들 수 있단 말인가? 그것은 언제나 허울 좋은 명분에만 그치고 마는 걸.

사회지도자들은 오늘도 그들만의 비겁한 명분을 걸고 유권자들의 눈치를 살핀다. 이해의 분별심을 '무화(無化)'시키는 일에만 충실하면서. 그러는 한편, 중생들의 이기심을 해방시키기 위해 무던히도 애를 쓰는 척한다. 그러나 언제나 헛발질.

마음속에 지니고 사는 분별심을 버리지 않는 한, 의식적 차원의 도덕성으로는 그 어떤 것도 해소 시킬 수 없다는 진리를 그들은 모른다. 그들의 무의식속에는 자신도 모르는 이기심이 이미 뿌리를 깊이 박고 있기 때문이다. 이들에게는 '賞'이 필요할까, '罰'이 필요할까.

칼 융은 말했다. '가상(persona)의 얼굴은 그 뒤안길에 그림자(shadow)의 음영을 지우지 못한다.'고. 이 말은 자발성으로의 이기심은 살리되, 그 이기적인 반사회성의 횡포를 막기 위해서는 강력한 법적 제재가 꼭 필요하다는 뜻이다. 이른바 실용주의.

하여, 결론적으로 법(罰)이 도덕(賞)보다 더 유효하다는 것으로 풀이된다. 당위적 도덕은 인간이 반이기적이기를 종용하지만, 법은 이기적 욕망을 용인하되, 대등의식과 최고의식의 욕망 중에서 오르지 반사회성만을 처벌하는 제도를 따르도록 무언의 협박을 가한다. 그래서 인간의 이기심은 법이 좋아서가 아니라, 법이 내리는 처벌의 손해가 두려워서 그 법을 따르게 된다는 것이다. 유치하게.

다시 아내 이야기가 나온다. 어김없다. 책 내용 대부분이 아포리즘이 깊이 배인 미셀러니다. 그가 지극히 사랑하는 아내는 병중에 있으면서도 항상 유머를 잃지 않는다. 그의 글 행간에 녹아 있는 그녀의 표현에서 정말 그녀가 몹쓸 병에 시달리는 환자가 맞나하는 의구심마저 들곤 한다. 사람은 신체가 아픈 만큼 정신이 따라서 피폐해지는 동물인데도.

"머리가 돌이라"

"투명한 정신 금 간 거 아녀요?" 그리고 이어지는 대화.

"오빤 씨씨티브이 없어도 충분히 감시 할 수 있거든. 인간의 X축 Y축이 얼마나 단조로운지." 그러게 말입니다. 그의 삶이 얼마나 심플한지. 그의 동선(動線)이 얼마나 단촐 한지.

시인은 요즘 들어 부쩍 싫은 게 많아진 듯 하다. 의외다. 싫어하는 게 무려 30가지나 된다니. 좋아요 1, 2, 3, 4에 비하면 지나치게 염세적이다. 공자의 제자 증삼(曾參, 曾子)이 공자의 덕을 묻는 제자에게 일렀다. "스승님의 도(道)는 충서(忠恕)일 뿐이다."

공자의 반(反) 이욕적(利慾的) 의리정신을 이어받은 증자는 평생을 도덕적 반성으로 살다 간 사람이다. 뿐만 아니라, 스승의 도를 '충서(忠恕,자신의 참된 마음을 다하여 다른 사람의 마음을 헤아리는 것)'로 보았기에, 그 또한 스승의 뜻을 좇아 대학(大學)에서 '혈구지도(絜矩之道, 자기의 처지를 미루어 남의 처지를 헤아리는 것)'를 논했던 것이다. 여기서 시인에게 당부하고 싶은 게 있다.

이제는 마음의 여유를 찾아 더 이상의 애증(碍憎)만은 쌓지 않았으면. 굳이 공자나 증자를 닮지 않더라도.

공자가 절대적으로 부(富)를 적대시 한 건 아니었다. 다만,

그것이 얼마큼 맑고 깨끗한 것인가를 중시했을 뿐이다. 그래서 그의 정신은 제자 증삼(曾參)을 통 해 그의 손자인 자사(子思, 中庸을 썼다고 함)에게 전해졌고, 이윽고 성선설을 주창한 맹자(孟子)에게서 인간의 본성이란 주제로 꽃을 피운다.

이 세상에 존재하는 모든 것들은 인간의 이성에 의해 이해될 수 있는 '가지성(可知性, intelligibility)을 함의하고 있다는 말씀. 무슨 뜻인고 하니, 인간의 이성적 의지는 좋은 것, 즉 선(善)을 지향하며 세상에 절대 악(惡)은 존재하지 않는다는 것이다. 악이 있다면 그것은 개체적 존재자의 유한적 상대성에서 오는 결핍일 뿐. 그래서 토마스는, "악은 '기질지성(氣質之性)'의 소산이지, '본연지성(本然之性)'의 결과가 아니다."고 했다.

토마스 얘기가 나왔으니 한걸음 더 들어가 보자. 인간의 영혼 속에는 전체 우주의 질서가 모사(模寫)되어 있어, 이로 인해 인간의 지복이 정립되어 진다고 했다. 그러면서 신은 모든 존재하는 사물들에 은밀히 존재한다고 했다. 이를테면 '처처에 부처다'는 말이다. 그러니 어찌 이성을 지닌 인간이 신(자연이든 인간이든)을 사랑하지 않겠는가.

이성은 진리와 선을 가능케 한다. 이성은 인간이 지닌 권위의 상징이자 본질적 특성이다. 인간이 이성의 능력을 도외시한다는 건 곧 인간이기를 포기하는 것과 같다. 작가가 이성을 부르짖는 데는 이유가 있다. 그가 생각하는 새로운 세상은 바로, 이성의, 이성에 의한, 이성을 위한 소유의 철학적 진리를 설파하고자 한 것이리라. 그래서 이 이성이 인간의 주인이 되어 세상을 장악하기를 기도하는 것이리라.

이성이 소유하는 세상은, 인간의 욕망이 이기적으로 흐르지 않고, 합리적 공정성에 의해 상부상조해야 함을 강조한 것이고, 인간을 우주론적 차원에서 조명하면 천지 만물의 영장이요, 신이 만든 피조물 중에서도 가장 신에게 접근 가능한 존재자인 것이라 말하고 싶은 것이리라. 책 속의 소소한 일들, 그게 일상인 사람. 시시한 우스갯소리로 일관한 듯하지만 그 속에 내재된 아포리즘은 가히 살인적이다.

제자와 스승의 문답하나 소개 하겠다.

"세상에서 가장 소중한 게 뭡니까?"

"가장 소중한 것이지."

"그럼 가장 쓸모없는 것은요?"

"당연 가장 쓸모없는 것이지."

"어째 답이 좀......"

"세상에 맞는 말이라고 반드시 다 정답이 아니란다."

산 속에서는 산이 보이지 않는다는 말로 이 문답은 끝이 난다.

서양 철학사는 인간의 역사다. 그래서 여기엔 인간의 생존전략을 수립하는 하나의 방편으로서, 이성의 개발을 통해 기술적으로나 도덕적으로 사회생활을 잘 가꾸어 나가는 온갖 요구를 두루 담고 있다. 하 많은 사상가들이 들춰 낸 이성. 이 이성이야말로 세상의 모든 요구를 측정하는 최후의 기준이다.

칸트는 정직하고 성실한 인간의 모습을 선의의 인간으로 그렸다. 오직 선의만이 아무런 대가 성 없이, 그 자체로 선을 좋아하는 의지의 바람 외에 다름 아니라 여겼던 것이다. 선의를 '의무의 당위'로 귀착시키고, 선의지에 의한 실천이성이 우리에게 당위적인 의무를 명령하는 것. 이것이 칸트가 주창한 인륜 도덕적 형이상학이다.

본디 본성과 본능은 인간이 생득적으로 지니고 나온 자연스러운 두 가지 양상이다. 그러므로 이 둘은 싸우려 하지 않고 늘 본성이 본능을 달래려고 한다. 다만 본능은 소유의 길로, 본성은 존재의 길로, 그 자연스러움이 다르게 필 뿐. 하지만 니체의 철학은 본능의 의미를 읽는데서 차이가 난다. 그는 이상주의자들의 가증스러운 위선과 혐오스런 가식, 메스꺼운 허상을 유려하고 시니컬한 독설로 폭로한다. 그들이 둘러 쓴 가면을 가차 없이 벗기면서 세상의 실체를 에누리 없이 까발리는 것이다.

내숭 끼 없는 정직함. 사이다처럼 시원하다. 어쩌면 김일석이 그런 니체를 꼭 빼 닮았다. 본능의 영역에는 이익과 손해만 존재할 뿐, 어찌 선과 악이 있을 수 있단 말인가. 동양사상의 거두 맹자의 가르침과도 맥이 같다.

인간 본능과 본성의 영역에는 '선(善) 악(惡)'이 있을 수 없고, 다만 본능적 '이(利이익) 해(害손해)'나 본성적 '호(好좋아함) 오(惡싫어함)'만 있을 뿐이라 했느니. 마무리를 해야겠다.

영혼에 찬란한 울림을 줄 메시지라면 앞으로도 더 많은, 뚱땡이 시인 김일석의 적당히 유쾌하고 적당히 심각한 이야기를 듣고 싶다. 하지만, '걸핏하면 씨바, 니기미, 개새끼, 소새끼, 노래를 불렀다. 그러나 난 한순간도, 희망을 이야기하고 그것을 온몸으로 녹이고 소화하는 일을 멈추지 않았다. 여전히 중환자인 아내를 보살펴야 하고, 무너져선 안 되는 뚱땡이의 자존심 하나는 지키고 살려고 몸부림쳤다.'는 이 지겨운 얘기를 이제는 더 듣고 싶지 않다. 이젠 이런 몸부림조차도 용납하기 싫다는 말이다. 아무리 진실 된 '욕'이 그 자체로 시가 된다 하더라도.

2020년 2월 봄이 서는 날,
垣彦堂에서.